聖子

新宿の文壇BAR「風紋」の女主人

森まゆみ

AKISHOBO

聖子　――新宿の文壇ＢＡＲ「風紋」の女主人　もくじ

第Ⅰ部　戦前篇

第Ⅱ部 戦後篇

第 I 部

戦前篇

新宿の花園神社の近く、東京医大通りと言われる細い横丁の入りかけに「風紋」という名のバーが、二〇一八年六月まであった。

ママの林聖子さんとは一九九〇年代の中頃に出会った。最初にお訪ねしたのは、一月末の、新宿駅南口にほど近い正春寺で毎年行われる、大逆事件で刑死した管野スガの慰霊祭の帰りではなかったか。一九一〇年、社会主義者・幸徳秋水、管野スガら二四人は明治天皇を爆殺しようとしたという罪で囚われ、一九一一年一月末に一二人が処刑された。実行犯でもないのに、夢想しただけで一網打尽にされた明治最大のでっち上げの弾圧事件だったことは歴史に明らかである。森鷗外や石川啄木、永井荷風などの同時代の文学者も厳しい批判を行ったり、その後の生き方を変えた。

お聖さんのところに行こう、と誰かが言い出して、どやどやと西新宿から中央線の高架をくぐり新宿三丁目まで歩いた。詩人の向井孝さん、連れ合いのフーちゃんこと水田ふうさん、秋山清の最後のガールフレンド坂井ていさん、その後、僧侶となった真辺致一さんなどがいたように思う。

その時、「いらっしゃい」と微笑を含んでゆったりとみんなを迎えた聖子さんは、当時私が連載していた「南天堂漂流」(「ちくま」)を読んでおられて、最初から長い知己のようにだきしめてくださったのを覚えている。昭和三(一九二八)年生まれ、母より一つ年上だ。アナキストと関係のある何かの催しの帰りになるとみんなで「そうだ、聖子さんのところへ行こう!」ということになり、大勢なのでカウンターではなく、ソファの方を占領するのだった。それは、聖子さんが大杉栄に近い画家林《はやし》倭衛《しずえ》の愛娘であったことにもよった。

「風紋」で話をする林聖子。閉店前(撮影・中川道夫)

聖子さんは「文壇バーのママ」のようにいわれることがあるが、このように私はまずはアナキズム精神を生涯、持ち続けた画家、林倭衛の娘として知りあった。林倭衛は「出獄の日のO氏」でアナキスト大杉栄を描き、「或る詩人の肖像」でダダイスト辻潤を描いた。他にもサンジカリスト、バクーニンや浅枝次朗も描いているが、とりわけ神様のアナキストと呼ばれた久板《ひさいた》卯《う》之助《のすけ》の肖像画が私は好きだ。でもそれだけではない。林は海が好きで、海の絵をよく描いた。後半の画業は海とともにある。風景画といっていい。海恋の私はそれにも強く惹かれる。

「魔子とルイズ」という大杉の娘たちを描いた芝居を大杉家の人々と見た時にも、聖子さんが来ていた。聖子さんはそういう時はスーツをきて、少し色の入ったお洒落なメガネをかけ、今より少しふっくらしていた。その時の帰りもどやどやとどこかの居酒屋に行った。私は聖子さんの素朴で飾らないたたずまいと、独得の声が好きだった。

「一度、ちゃんと聖子さんの話を聞いておきなさいよ」。何度も、高田宏さんや粕谷一希《かすやかずき》さんが言った。一九九〇年代の終わり、テープレコーダーを持って訪ね、ある大きな雑誌に半生記を連載する予定であったところ、担当編集者は熱心であったのに、写真も撮り、ゲラまで組んだところで、その人の上司の横槍が入って頓挫した。そういうことはたまにある。

そして、幸田露伴も言っていることだが、いったん、ペンディングにした仕事をもう一度起こすのには大変なエネルギーがいる。私はその頃、一人で三人の子を育て、家から遠い新宿の盛り場までお酒を飲みにいく風習も余裕もなかった。ゴールデン街というのも三、四回しか行ったことがない。そして、粕谷さん、高田さん、頼みとするお二人もついに亡くなられてしまった。もう先のばしにはできない。二〇一六年四月二六日、雑誌「東京人」の編集者田中紀子さんと、不義理続きの「風紋」の重いドアを久しぶりに押した。

1 林倭衛、画家を目指す

一七坪近い広い店にはカウンターとその後ろにゆったりとした黒い革張りのソファの席が三つほどある。その一つに座り、お話を聞くことにした。

――聖子さんという人が、この世に生を受けた。そのもととなったお父様やお母様の事からうかがっていいでしょうか。林倭衛さんは長野の上田の出身でしたね。

「はい。いまも堀江という親戚が、上田におります。その家にも父が昔、二科に出した古い小さな絵があります。ロシアのアナキスト、バクーニンを描いた絵。それがあまり大切にされてなくて、縦に二つに割れてたんですよ。あと私が持っていた絵はだいたい長野にある長野県信濃美術館（現長野県立美術館）に入れていただきました」
――代表作「出獄の日のＯ氏」もそこにあるんですね。
「そうです。林の家は農家で、千曲川まで、かなり広い土地を持っていたようです。もう家自体はないんですが、お城の下の郵便局のあたりでした」

私は長野の城下町上田へ赴いた。上田には以前、農民美術を提唱した山本鼎《なかえ》やその講師をつとめた石井鶴三のことを調べに行ったことがあった。美術に関係の深い土地である。上田町二二五二番地、現在は常磐城二－五－三という地名にある林倭衛の生家の跡を訪ねた。

川を渡ったところに古い土蔵と空き地があった。案内してくれた上田市立美術館の松井宏典さんは「上田城は明治維新の後、売られて移築され遊郭になっていたらしい。それを篤志家の市民が買い戻したのです。その方の屋敷が橋の手前で、川を渡ってすぐのところが林倭衛の生家。以前、娘さんの林聖子さんにも確認していただいたということです」

上田城は戦国時代には六文銭が旗印の真田家の居城だったが、真田昌幸・幸村親子が関ヶ原の戦いで西軍（石田三成方）についたため没収され、親子は高野山の九度山に蟄居させられた。江戸時代になると、まずは小諸から入った仙石氏が三代続き、仙石氏が出石《いずし》に移封された後に、出石にいた藤井松平氏（松平一八家の一つ）が交代して入った。石高は五万三〇〇〇石である。

この城下町で、林倭衛は明治二八（一八九五）年六月一日に生まれた。日清戦争の終わった頃。この年生まれの人として、私は新内の岡本文弥を実際に知っている。彼もまたアナキズムの傾向の強い人だった。大杉とともに殺された伊藤野枝も同い年だと覚えている。

なお本書では西暦を使いたいと思ったが、語り手の林聖子さんが大正や昭和の年号で覚えているので、聞き書き部分では西暦は括弧で入れることにした。

「曽祖父九十郎《くじゅうろう》と祖父二郎は二代続いて養子なの。九十郎は男の子もいるのに娘を外に出したくなくて、婿取りをしたんです。曽祖母はちかと言って大変な美人だったそうですが、早く亡くなって、その妹が後添えに入ってました。ところが曽祖父はある日、蒸発しちゃった。散歩に行ったきり帰ってこなかった。山で何かあったのかもしれない。死んだのか、いなくなったのかもわからない。まだ戸籍にはあると聞きました。

祖父の二郎が小林家から養子できて、娘の周《しゅう》と結婚したんです。名前の通り次男だったんでしょう。二郎の生まれた小林家は上田の藩主松平家の下の方の家臣です。貧乏士族で長男しか大事にされなかったのね。長男は省一郎《せいいちろう》といって学校を落第して、一方、二郎の方は頭がよくて飛び級して、兄弟なのに同級生だったんですって。でもそのおっとりした大伯父が東京に出て、父が画集を出したり、フランスへ行くときも応援をしてくれました」

「風紋」が店を開ける前の午後、といっても地下なので暗い。ハスキーな特徴ある声で、聖子さんは水でも飲むように滑らかに語りだした。明治の頃の信州上田城下の様子が目に浮かぶ。「……なんですが」というのが口癖で、鼻濁音がきれいに響く。時々言葉に詰まる。そうするとゆっくりと首を傾げ、何かを思い出すような仕草をすると、また言葉が出てくる。

林倭衛は長男で弟が三人、兄弟の三番目に妹が一人いる。倭衛は上田町立尋常高等小学校に上がるのだが、そこは今、お城に近く、上田市立清明小学校と名を変えていた。

「その頃はまだ、林の家もよかったらしく、私財を投じて道を直したりと、だいぶお金を使ったらしいです。祖父は才走って何か新しいことをやりたい人だった。何しろ面白いことを考えつくのは考えつくんですが。養蚕や製糸に手を出して失敗した。つまり養子がやりたい放題やって家を潰し、夜逃げ同然に最初、夫婦で東京に出てきた。下の小さい子どもたちを連れ、小学校の六年生だった父と次男、上の二人は自分の弟の小林三郎家に預けたようです」

実家の小林家の方は上田の北天神町にあって商家だったらしいが、そこは今、天神という地名が線路を跨いで残っている。上田天満宮の祠があるので、その名があるらしい。駅の北側の天神は城に近く、松平家の家臣が住むにふさわしいかもしれない。今は割に繁華な通りになっていたが、場所は突き止められなかった。

倭衛の父、林二郎は明治四〇（一九〇七）年春に上京、青山南町三-六〇にいた兄の小林省一郎方に寄寓、翌年一月二一日、一四歳の倭衛ら上の二人の子どもたちを呼び寄せる。二郎は横須賀で軍の御用商人となってみたがこれも失敗。牛込榎町《うしごめえのきちょう》、さらに牛込筑土《つくど》八幡《はちまん》町に住む。その頃から二郎は正職に就かず、陰陽《おんよう》術に凝った。八幡神社の境内にいたので、姓名判断や八卦見のようなことをして多少のお金になった。

「高島易断が途絶えていたのを資料を集めて復興した。勉強熱心で器用で、宗教に入れば、いつの間にかちゃっかり幹部になっているような人でした。でも飽きっぽくって、今度は神道の神主のような着物を着て、榊を持って。妙な説得力があって、カリスマ性もあったのですが、そこが父とは合わなかった。父は社会主義者で無宗教ですからね。ただ、祖父は武士の家に生まれて字は達者でした。私の母も祖父にお手本を書いてもらって字の練習をしました。父は父親にも母親にも兄弟にもまるで似ていませんね。兄弟の中で父一人だけ目が大きく、ひたいの広い顔立ちをしています」

写真で見る林倭衛は小柄だが目がキラキラと輝き、ラテン系とも言いたいような、魅力的な顔立ちをしている。

――祖母の周さんはどういう方ですか？

「私はおばあちゃん子で、相当面倒も見てもらいましたが、小柄で穏やかで、怒ったのは見たことがありません。とにかく辛抱強い働き者で、養子に来てくれた夫の二郎おじいさんを大事にしてました。この二人は夫婦で七月七日、同じ誕生日だったんです。夜でも外出先から祖父が帰ってくるまではきちんと起きて待っている。お塩をつけたおにぎりを作っておいて、祖父が帰ってくるとお醬油をつけて火鉢の網の上で焼いて食べさせたりね。おじいさん、それが好きだから。私も好きで、夜遅くにおにぎりを一つもらって食べたことがあります。とってもおいしいの。夏、浴衣が汗ばんだりすると、その場でざざっと洗って干すような人でした」

――いつまでご存命だったんですか?

「おばあちゃんは昭和一六(一九四一)年、日米開戦の年に亡くなりました。そして昭和二〇(一九四五)年、終戦の年の一月一〇日に祖父が亡くなり、二六日に父が亡くなって、ひと月に二度、続けてお葬式を出したのを覚えています」

どんな逆境に育っても頭角を現すものはいる。上田時代の倭衛は寂しがりの、夢見がちな、そして反抗心も強い少年だったが、人生を自分で切り開こうという気概があった。

「父は小さいときから絵が上手で好きで、子どものときに描いた上田城の絵はそれは傑作だった、と自分で言っていました。でも、絵描きになろうという気はなくて、とにかくまず食べなくちゃいけなかった」

明治四一（一九〇八）年に、上京した倭衛は中学に通ったりもしたが、卒業はできなかった。親から自立しようと、ドイツ人の家の給仕をしたり、日清印刷とかいう印刷所に入って、植字工などやるうちに、アナキストたちと知り合っていく。

「植字する原稿がそういう思想のものだったらしいのね。正規の絵画教育を受けたわけではありません。好きな絵をやるためには働きながら描くしかない。横浜の人足の監督になったりもした。本が読めるといって、本屋に住み込みで勤めたこともあるそうですが、賄いで饐《す》えた匂いのするご飯を食べさせられ、そこの娘さんが出かける時も父に下駄をそろえさせたりするので、いやになってやめたようです。あの頃、絵描きになるのは大抵お金持ちの坊ちゃんで、父みたいに貧乏なのはいなかった」

確かに、最初に洋画を書いたのは、油絵の道具を手に入れた大名たちで、最後の将軍徳川慶《よし》喜《のぶ》も幕府瓦解ののち、写真を撮ったり油絵を描いたりした。原田直次郎にしても、黒田清輝にしても、裕福な家の坊ちゃんだった。

2 出獄の日のO氏

働くかたわら林倭衛は大下藤次郎創設の日本水彩画研究所夜間部へ入る。大下はすでに亡くなっており、後を頼まれた石井柏亭《はくてい》は洋行中、丸山晩霞《ばんか》の指導を受けた。そこで倭衛は硲伊之《はざま》助、矢代幸雄、浅枝次朗らと出会う。ついでに言うと、日本水彩画研究所を開いた大下藤次郎夫人は、アナキスト作家の宮嶋資夫《みやじますけお》の姉である。

「宮嶋さんと知り合ったのは相当若い時ですよね。大下さんが亡くなってから、宮嶋さんはその研究所を会場に、運動の研究会などをやろうとしたらしい。父とは妙に気が合ってました」

大逆事件後の大正三（一九一四）年、大杉栄・荒畑寒村らによって月刊「平民新聞」が発行され、すでにサンジカリズム研究会に出席していた倭衛は、この新聞の配達を手伝うことになる。サンジカリズムとは労働組合を基礎とした社会活動を指す。貧しい家に生まれ、不平等や差別を感じて育った倭衛が、社会主義や無政府主義（アナキズム）思想に傾倒していくのに時間はかからなかった。それに、出会った大杉栄という一〇歳年上のアジテーターはあまりにも魅力的であった。

サンジカリズム研究会に参加して久板卯之助、渡辺政太郎、和田久太郎《きゅうたろう》を知った。絵にも熱中し、大正五（一九一六）年の第三回二科展に「ポートレイト・オブ・ア・サンジカリスト」「多摩川附近」を出して初入選。前者は友人の浅枝次朗を描いた油絵である。この絵は割と近年、発見された。他にもこの頃、写真からバクーニンを描いた油絵もある。「おれはおれの魂を爆発させたい」と林倭衛は書いた。

「初期の父には肖像画が割と多いのね。バクーニンの絵なんて小さいですね。まさかバクーニンに会って描いたわけじゃないんだけど。父は自分が好きな人しか描かないの」

林倭衛の作品を、有島生馬は「二科会でなければ決して認められなかった芸術」と評した。政府主導の文展（文部省美術展）に対抗して、大正三（一九一四）年、山下新太郎、有島生馬、津田青楓《せいふう》、石井柏亭、斎藤豊作らは在野の美術団体二科会を結成、美術展を催した。有島生馬は作家有島武郎の弟、文も絵もかいた人で、セザンヌの紹介者でもある。落魄《らくはく》した竹久夢二も支えたが、生涯、林倭衛を応援した。たまたま高級官僚の家に生まれた自分のノブレス・オブリージュ（高貴なる義務）を遺憾なく発揮した人である。

同じ初入選組に関根正二、中川紀元、田中善之助、東郷青児《とうごうせいじ》らがいた。翌六（一九一七）年にかけて、林倭衛は房総半島や小笠原群島に写生に行く。山国育ちだから海に憧れたのかもしれない。この時の旅の相棒が、日本のスキーの祖、猪谷六合雄《いがやくにお》（オリンピックメダリスト猪谷千春の父）というのは面白い。

同年、秋の第四回二科展に「小笠原風景」などを四点出品して、樗牛賞《ちょぎゅう》を受け、注目される。わずか二二歳の受賞にも世間の批判はあった。一方、芥川龍之介は「多摩川附近」という倭衛の絵を買っている。また伯父の小林省一郎の世話で、男爵も含む八六人の会員で林倭衛後援会ができた。

「芥川さんや久米正雄さんとのおつきあいは私は存じあげませんが、広津和郎さんにはお手紙をいただいて大事にしております。ずいぶん父をかばってくださった方なんです」

広津和郎は大正一〇（一九二一）年頃、本郷五丁目の八重山館という下宿屋にいて、林倭衛がよく遊びに来たことを書き、「性格は純情的で、嘘がなく真っ直ぐな、気持の好い人物であった」と評している（「年月のあしおと」一九六三年）。こうした性格で、林倭衛はたくさん友だちを得た。

1915年林倭衛が20歳のときに開催された平民講演会。後列の右から２番目が林倭衛。前列左から３番目から荒畑寒村、大杉栄、その妻の堀保子、宮嶋資夫。後ろにかかっているのが、バクーニンの写真。林がその後肖像画を描くことになる（所蔵・林聖子）

「それで思い出しましたが、詩人で童謡作家の野口雨情さんを文藝春秋の社長、菊池寛さんのところへ連れて行ったのはうちの父なの。父は碁も将棋も強かったのですが、菊池さんに負けたので悔しがって、すごい強いやつを連れて行こうと。雨情さんは『いや、参りましたなあ、いや、参りました』と言いながらとっても強いんですって」

茨城県の磯原出身の雨情と林の関係がどこでできたのかはわからない。しかし雨情は大正一三（一九二四）年頃、白山南天堂に現れていたので、辻潤や宮嶋とも知り合いだったと考えられる。この辺の人と人のむすび付きは面白い。

「野口さんと父が悪いところに遊びにいって、そこで飲んじゃってお金がなくて泊められてしまって。次の日、菊池さんに連絡してお金を持ってきてもらった。請け出してもらったり、いろいろ世話になったんじゃないですか」と聖子さんはさらっといった。

大正七（一九一八）年夏には久板卯之助を「H氏肖像」として描き、「冬の海」ほか四点の風景画とともに秋の第五回二科展に出品、二科賞を受けた。これも有島生馬に「林倭衛氏は二科会にとって宝の一つである」と褒められた。

「O氏」像と撤回命令

大正八(一九一九)年九月、「出獄の日のO氏」を描いて第六回二科展に出すが、これには警視庁から撤回命令が出てスキャンダルとなった。赤というより、代赭色《たいしゃいろ》の背景に、黒髪を真ん中で分け、眉毛をあげ、「目の男」とすら言われた大きな目を見開き、口と顎髭の大杉栄が白い着物をまとっている。大変魅力的な絵で林倭衛の代表作といってよい。

「父の作品は風景画が多いのですが、やはり肖像画の方が話題になるのね。そのとき大杉さんはもちろんご存命でしょ。結局その絵は父が任意に撤回したということで外されたようです。大杉さんは『そんなことをいうなら俺が、実物がかわりに展覧会場に立ってやる』とおっしゃったんですって。それで二四歳の父が注目されるようになった」

明治時代に「白馬会」展に出された黒田清輝の「裸体婦人像」が、裸体を描いたものとして風俗壊乱で腰に布がかけられた事件があったが、林倭衛の場合は画題が思想的に問題になったという点で、前代未聞であっただろう。この絵を美術評論家洲之内徹《すのうちとおる》は「肖像というようなよそよそしさや、構えたところがなくて、心安く、親しさにあふれ、生きいきとしていた」と評している。

——大変いい絵ですが、いくら出獄の日と言っても大杉が痩せこけてますね。

「あれは大正八（一九一九）年に、大杉さんが尾行の巡査がしつこいので殴ったかなんかで検挙されて、保釈金を積んで東京監獄から出た日に描いたものです。獄中にいたのは数日でしょう。父はお見舞いに駆けつけたのね。とにかく父は大杉さんに惚れていた。生涯、絶対的に好きだった。ただ、『目の男』とか言われて女性にもモテたらしいですが、父はこんなことも言ってました。言っていいのかな。大杉さんは出っ歯だったと。それに口が臭い。あれでよく女にモテたもんだな、と」

――それは別の本でも読んだことがあります。大杉ファンにはガッカリでしょうが。

「その後、『O氏』像を持っておられたのは内務省の警保局長をなさっていた唐沢俊樹さんです。戦後は法務大臣になった方。どういうわけで唐沢さんの手に渡ったかわからないのですが」

その後に続く、この絵にまつわる挿話が実に興味深いものだった。

「ずっとのちの昭和一一（一九三六）年、二・二六事件の前日、これはあまり言ったことがないのですが、突然唐沢さんが絵を返してきた。その頃私は七つか八つですが、市川の菅野《すがの》にいました。母がお財布をなくしたとかいってあちこち探していた。家の縁の下まで探し回っていたのを覚えています。雪が降っていて、かなり積もっていました。夜遅くに車が着いて、制服に白い手袋をはめた人が厳重に梱包したその絵を届けに来た。夜の八時すぎに人が来るような場所じゃないんですよ。そのとき絵は開けていないのですが、ものものしいことなので覚えてい

林倭衛「出獄の日のＯ氏」1919年、油
彩・キャンバス、長野県立美術館所蔵

ます」

唐沢は大杉にどんな思いを持っていたのだろうか？　一説には、唐沢は信州の出身で、伊那の農民運動や教員運動の影響を受けた人物だったという。また林倭衛が大正一〇（一九二一）年にフランスへ行く際、ヴィザがなかなか下りないのが唐沢の尽力で出たともいう。林はこの絵を世間に出さないという誓約書を書かされて。その時に、「Ｏ氏」像を唐沢に預けたともいう。林倭衛はしょっちゅう警察に捕まり、その度に唐沢が一言口を利いて釈放されるということもあった。このへんは謎である。

林聖子が持っている数少ない父自筆の資料は、ＡＢＣ順に整理された父の住所録で、今も名前を知られている画家や文人の名と住所が載っているが、そこにも唐沢俊樹の名前と住所があった。

つまり唐沢は二・二六事件のことを前夜には知っていたのではないか。反乱軍鎮圧の陣頭指揮をするべき警保局長が、アナキスト大杉の肖像を持っているのはまずいと判断したのだろうか。結局、二・二六事件の責任を取って唐沢は警保局長を辞任、しかし戦後、返り咲いて法務大臣となった。

絵が返されたと同じ頃、大杉と伊藤野枝の遺児で長女の真子（魔子を改名）が父大杉の肖像画に対面しにくるという新聞記事が出たこともあった。それは「絵は唐沢のところでなく確かに作者林倭衛のもとにある」ことを示すカモフラージュだった可能性もある。

「いえ、そのとき真子ちゃんは見に来なかったの。かなり前ですが、NHKの地方ニュース番組の撮影のときに、次女の菅沼幸子さんと三女の野沢恵美子さんがうちに見にきてくださったんですけどね」


大杉に触れたついでに、忘れられたアナキスト、久板卯之助（一八七八―一九二二）のことを書き留めておきたい。久板は京都生まれ、同志社神学校を中退して上京。和田久太郎らと「労働青年」を発行、のち日暮里の貧民街に移り住む。労働運動社／北風会に参加し、画家の望月桂《もちづきかつら》と黒耀会を起こし、労働者主義と民衆芸術を訴えた。いつもひょうひょうとし、ニコニコしていた。その清貧と潔癖さによって〝神様のアナキスト〟と呼ばれた。大正一一（一九二二）年、一月二一日、写生旅行に出かけ天城猫越峠で遭難、凍死。同志たちの心に消えない傷を残した。私はかつて安曇野に画家望月桂の子息、望月明美《あきよし》さんをお訪ねして、その資料庫を見せていただいたことがあるが、久板卯之助本人の描いた白い風景画が強く心に残っている。

「父はお酒を飲むと、久板は天城で凍え死んだ、和田久太郎は獄で首つって死んだ、と酔ってよく話してました。戦時中、浦和の家でいろり端に薪をくべながら、その部屋はすでにすすで黒くなっていたんですが、墨もってこい、と言った。私が墨を磨ると父はふすまに、『もろもろの悩みも消ゆる雪の風』という和田さんの辞世を大きな字で書いていましたね。それも父の後妻の操さんが汚い襖だといって捨てちゃったようですが」

もう一人、ここに出てくる和田久太郎(一八九三―一九二八)は兵庫の明石に生まれる。株屋の丁稚、人力車夫、新聞配達をへて堺枯川(利彦)の「売文社」を訪ねた。久板の「労働青年」を手伝い、木賃宿にとまりながら人夫をして暮らす。大正一二(一九二三)年、関東大震災後の大杉の虐殺に報復を誓い、翌年、震災時の戒厳司令官福田雅太郎大将を本郷菊坂で狙撃しようとしたが果たせず、無期懲役になる。市ヶ谷より秋田刑務所に移され、獄中で縊死《いし》。この人については故松下竜一に『久さん伝』がある。

「昔の運動仲間が次々と死んでいったんです。大正一二(一九二三)年九月の震災後のどさくさで、大杉さん、野枝さんたちが憲兵隊の甘粕大尉らに殺されたとき、父は日本にいなかった。パリでその報を聞いてショックだったと思います」

話を戻して、大正九(一九二〇)年も、林倭衛にとっては大活躍の年であった。三月に東京は神田裏神保町にある兜屋画堂(一九二八年兜屋画廊と改称、銀座に現存)にて初の個展を開催。この時林倭衛はわずか二五歳だった。この時の絵はすでに誰かの所有になるものが多く、前述の通り「多摩川附近」が東京芥川氏蔵とあるのは、芥川龍之介が買ったものかと思う。

六月、同会場の「新進洋画家新作展」に倭衛も出品している。この画廊は写真家の野島康三が経営し、その活動は一年三ヶ月ほどしか保たなかったが、その間に恩地孝四郎、中川一政、小山敬三、梅原龍三郎らの個展を開き、そのほかにも数々の作家が作品を展示した。

四月には望月桂の主宰する「黒耀会」展にも出品。望月桂はわが町千駄木に住んでいたこともある松本近郊明科《あかしな》村出身の画家で、民衆美術を志向し、その第一回展には大杉栄、堺利彦、荒畑寒村、馬場孤蝶、久板卯之助らが参加した。

九月の第七回二科展には作家、室生犀星を描いた「M氏像」などを出品して二科会会友に推薦された。この肖像画も傑作とされるが、現在存在が確認されない。

3 林倭衛、クライスト号でフランスへ

大正一〇（一九二一）年七月三一日、横浜からクライスト号に乗った二六歳の林倭衛は九月七日、マルセイユに着いた。坂本繁二郎《さかもとはんじろう》、小出楢重《こいでならしげ》、硲伊之助、仏文学者の小松清と同船である。小出楢重の妻重子あての手紙に、「一等客船には一番イヤナ奴が多い、政治家だとか経済学者みたいなケチ臭い奴が、ウルサイウルサイ。／大抵二等でエカキ連中と遊んでいる」（八月一三日）、「林君のケビンで話し込んでいたら、船窓から波が入って来て、ザンブリと被《かぶ》った」（八月二五日）などと書き止めている（「欧州からの手紙」『小出楢重随筆集』）。同行の三人ともものちに我が国の重要な洋画家となった。林はセーヌ左岸モンパルナスに近い一四区エルネスト・クレッソン街

のアパートに落ち着く。

――最初、古い友達の硲伊之助が「これを機会にフランスで勉強するつもりだ」と言いだし、林は「僕も行くよ」と言ってしまった。気が進まぬのに、ひょっとしたはずみで行くことになり、そのままズルズルと行ってしまった、ということです。どうして貧しい画家の林倭衛がヨーロッパに勉強に行けたのでしょう。

「それは相当いろんな手段を使ったの。自分でもお金を貯めたし、祖父の兄の小林省一郎も助力したと思います。この大伯父は画集を出すのも応援してくれました。有島生馬さんの応援もあったでしょう。下宿を決めたり、生活の諸々は一足先に行かれた青山義雄《あおやまよしお》さんを頼ったと思います」

青山は倭衛と木下藤次郎の水彩画研究所で一七歳から一緒だった。先にパリへ行くが、青山の送別会の写真に倭衛や画家の岡田七蔵、木下孝則《たかのり》のほか、詩人の木下杢太郎、室生犀星が写っている。

「父はパリで青山先生と一緒に苦労したらしい。青山先生は一〇二歳までお元気でした。長く南仏ニースで暮らし、帰国されて亡くなられました。

一度日本に帰国された時に、茅ヶ崎でお一人暮らしなので、布団を干したり、お手伝いに行ってたんですが、『なんだ、フランスに一度も来たことないのか、一一月に帰るから一緒にどうだ』というので、お見送りがてら付いて行って、そのままニースへもお供したことがあります。おかしいのはね、青山さんは林は子分だとおっしゃった。でも父も青山さんは子分だと言ってたのよ（笑）。青山さんの方が一つ上なんですが、『林はわがままで駄々っ子だったが、どこか憎めないやつだった』とおっしゃっていました。どういうわけか父は人に好かれるんです」

エルネスト・クレッソン街一八番地

パリに着いた時、同じアパートに画家の小山敬三、坂本繁二郎、仏文学者の小松清がいた。小山は同じ信州人、旧家の出身で、今は小諸に村野藤吾設計の美術館がある。この同じアパートにはその前に画家の児《こ》島《じま》虎《とら》次《じ》郎《ろう》や正宗《まさむね》得《とく》三郎《さぶろう》も住んだことがあったという。当時のヨーロッパは未来派、ダダ、純粋主義、構成派、エコール・ド・パリなどの新しいイズムの疾風怒濤の時代であった。日本人の画家だけでも当時三〇〇人近くがパリに滞在していたと伝わる。

――林倭衛は伯父の小林省一郎から毎月四〇円の仕送りを受けていたという記録があります。パリでどんな暮らしをしていたのでしょうか。

「さあ、父はパリ時代のことはあまり話しませんでしたね。着物でなく、洋服を着ていたと思いますよ。父はとても器用で、料理や掃除などは苦にならなかった。あの頃はパリで服のクリー

1921年、門司港から出発してマルセイユに向かうクライスト号にて、見送りの仲間たちと記念撮影。前列左より浅枝次朗(見送り)、硲伊之助、長島重次郎、林倭衛。後列はすべて見送りの人々(所蔵・林聖子)

ニング代は安かったんじゃないかと思います」

私は二〇一七年一二月、やっと時間が取れて、林倭衛の滞仏時代のあとを確かめに、思いきってパリに行くことにした。行く前に「風紋」に寄って聖子さんに挨拶した。今までヨーロッパに行くのはたいてい初夏だった。行ってみると一二月のパリがこんなに寒く、暗いとは思わなかった。馬を買うという友人についてオランダ、ベルギーからパリに入った。

パリに長く住む友人の稲葉宏爾《いなばこうじ》・由紀子夫妻が取材に協力してくれた。林倭衛が最初に住んだのが「エルネスト・クレッソン（Ernest Cresson）街」とは聖子さんに聞いてあった。「一八番地とわかったのは、坂本繁二郎の年譜を調べたら出てきたのよ」と稲葉由紀子さん。坂本繁二郎は久留米出身、同郷の青木繁の盟友で、著名な画家となった。

行ってみるとその石造りのアパートは今も立派に使われていた。典型的な一九世紀オスマン様式の建物で、入り口に花の飾りがある。モンパルナスの静かな通りだ。「二階に小山さん、三階に坂本さん、うちの父はお金がないので五階にいたそうです」と聖子さんに聞いてきたとおり、上の階の方が家賃が安いらしい。その上の六階は女中部屋である。『小松清』という伝記にはフランス文学者の小松も五階にいて、その家賃は四〇フランだったという記述がある。

エルネスト・クレッソン街と並行して、一〇年ほどあとに林芙美子がいたダゲール街がある。

リブ・ゴーシュ（左岸）という香水があるが、右岸のブルジョア的な雰囲気と違い、この辺はパリ大学、古本屋街に近く、モンパルナスは文化人がたむろした場所だ。

林芙美子はこの下町的な雰囲気が気に入って、その近くのホテル・フロリドールのほか、ダゲール街だけでも、ホテル・リオンソー、ホテル・デュ・リオンと二度、変わっている。私は『女三人のシベリア鉄道』のために与謝野晶子、宮本百合子、林芙美子のパリの痕跡は二〇〇六年に実地検分した。実は今回、私が泊まった宿も「ホテル・デュ・リオン」と同じ名前だが、場所も経営も違う。ダンフェール・ロシュローの地下鉄の駅をすぐ上がった便利なところで、有名なライオンの像が見えるから、そう名づけたのであろう。

その広場には与謝野晶子が見たパリの地下のカタコンベの入り口があり、長い列ができていた。一〇年前にはそんなに人気がなかったのに。ホテルのフロントの黒人女性はアフリカ系で、親切に話してくれた。「このホテルは元ホテル・オリエンタルといったの。今、シャルル・ド・ゴール空港からもバス一本で便利だけど、もともと昔はオルリー空港から移民が来た。ここはオルリーからのバスの終点で便利だった。みんな、私たちの仲間はアフリカから来て、このホテルからパリの一歩を踏み出したというわけ」

周りには、明治四五（一九一二）年の旅人、与謝野晶子が「カンパンプルミエの徳永さんの画室」（『巴里より』）と書いているカンパーニュ・プルミエールのいかにもアトリエといった分離派みたいな建物がある。パリ町案内の師匠、稲葉宏爾さんによれば隣のホテルは「マン・レイ、モジリアニ、フジタ、アジェなどのいたホテル・イストリア」である。モンパルナス墓地は一つ裏通りで、宏爾さんは「ここが『勝手にしやがれ』のラストで、ジャンポール・ベルモンドが飛び出して撃たれたとこだよ」とか、「有名なレジスタンスの闘士ステファン・エセルがその喫茶店で捕まり、彼は最近まで元気で『怒れ！　憤れ！』というベストセラーを書いたんだ。日本語にも翻訳されているはず」などとまるで見てきたことのように教えてくれる。たくさんの芸術家がこの辺にはいた。

南仏エスタックへ

林倭衛はパリに落ち着くとまもなく、小出楢重とベルリンに行く。小出楢重は東京から汽車で青森へ行くより少し近いといっている。ドイツではマルクの価値は下がり、外国人には旅しやすかった。また第一次大戦の敗戦国で、恐ろしい政治的激動とインフレのさなかにあった。しかも表現主義、キュビズム、ダダイズムなどのいろんな芸術的潮流がカオスのようになっていた。『林倭衛画集』(二〇一五年)年譜作者は林倭衛がその後も四回もベルリンに行ったことについて、「アナーキズムの影響下にある倭衛は絵画修業の他にも目的があったのだろうか」とコメントしている。『林倭衛』の評伝作家、小崎軍司氏は、ベルリンで開催中のセザンヌ展を見るのも目的だったのではないか、と書いている（一九七一年に発行されたこの伝記は、林倭衛のフランス滞在中の日記を遺族から借りて書かれているので、その日記が見つからない今、これを頼りにするしかない）。

「それはね、父はフランス語はできなかったけれど、一〇代にドイツ人の家でボーイをしていたから、ドイツ語がわかったからではないかしら」

大正一一（一九二二）年一月末にパリに戻った林はレアール市場の周りで遊んだ、とあるが、稲葉由紀子さんは「あ、レアールは再開発で広場がなくなって、ショッピングモールになってしまった。昔の面影はないから行っても無駄よ」という。「林倭衛はパリ郊外、セーブルの日疋《ひびき》という仏国通商の支配人を訪ねているんですが」といっても、「セーブルという土地はあるけど、そこへ行っても、番地がわからないとね」。伝記の表記からずっと日比木だと思っていたが、林倭衛の住所録を調べたところ、「日疋誠」があった。この人は陸軍主計少将、日疋信亮《のぶすけ》の息子で、一高、東大、プリンストン大学を卒業し、大倉喜八郎と仏国通商を起こし、パリ支配人となった人である。

大正一一（一九二二）年一〇月、林倭衛は目標とする画家「プロヴァンスの風景」の作者セザンヌが滞在した南仏エスタックへ出かけた。聖子さんはエスタックといったし、林倭衛もそう表記するが、これは冠詞がついて通常レスタック（L'Estaque）と表記する。

「いつも十月末か十一月初めには、暗鬱で、厳しい冬がパリの空を覆ってしまう。その頃になると、誰しも明るい南方の空が恋しくなる。そしてぽつぽつ画家が南の方へ旅立つのだ」と林は書いている（以下、断らない限り引用は「仏蘭西監獄及法廷の大杉栄」「改造」一九二四年六月号）。

寒い一二月のパリのホテルに一人いた私にも、それはよくわかる気持ちだった。冬のパリは朝、九時近くまで暗い。ホテルの窓から見るとみんな真っ暗なうちに、厚いコートを着て、白い息を吐きながら、職場に向かうバス停でバスを待っている。そして午後の三時ともなるとまたどんよりと暗くなってくる。ほんとに冬のパリなんかにくるもんじゃない、と私は思った。

林倭衛はエスタックへMと言う仲間の画家と行き、古い城跡を改造した宿に滞在した。紺碧の海を見ながら、二人は今度こそ真剣に勉強しようと、絵を競作した。しかし冬の南仏でも「六時間以上は絵を描くのに必要な光線が得られなかった」という。

大正一二（一九二三）年二月一二日、林倭衛は、パリの友達、井澤弘と鴨居悠という記者がマルセイユに着くのを迎えた。日本から船で来る人は皆マルセイユで下船した。そしてアンチーブにいた画家の前田嘉三郎も合流していて、マルセイユで遊んだ。海辺のきれいなホテルに腰を落ち着けた。そこに先にアンチーブに帰った前田が急死したと言う知らせが来た。林はすぐにニース行きの電車に乗り、前田の葬式を出すのを手伝う。パリから硲伊之助も駆けつけた。

「その前田さんと言う方は、屋根からの転落死と聞いています」

『小松清』の伝記によると、小松はその場に居合わせ、酔っ払った前田がベランダ伝いに自分の部屋に戻ろうとして転落し、即死ではなかったが、病院で亡くなったという。二二歳。

「井澤さんは知らないけど、鴨居さんというのは大阪毎日の記者で、鴨居羊子と鴨居玲のお父さん、だから姉弟二人とも、昔のよしみでうち（バー「風紋」）にも来ましたよ」

鴨居羊子は『わたしは驢馬に乗って下着をうりにゆきたい』や『カモイクッキング』など今もファンがいる。私もファンの一人である。また弟鴨居玲も特異な画家として二〇一五年に東京ステーションギャラリーで大回顧展が行われた。その父鴨居悠の名も林倭衛の住所録にあり、大阪の「大毎」本社の住所が載っている。のち北国毎日新聞主筆となった。

「新聞の特派員は貧乏画家よりもずっとお金を持っていた。いいところに来たというので、彼らのお金でマルセイユで遊んでいたんじゃないかしら。その同じ頃に、大杉さんがマルセイユに着いたとはつゆ知らずに……」と聖子さんは言うのだった。

林倭衛がパリで最初に住んだエルネスト・ブレッソン街。左側の建物の５階に暮らした（撮影・森まゆみ）

4
大杉栄、パリに現れる

アナキスト大杉栄がフランス船アンドレ・ルボン号でマルセイユに着いたのは大正一二（一九二三）年二月一一日。つまりその頃、林倭衛はそうと知らずにマルセイユあたりをうろうろしていたことになる。

パリに移動した大杉から手紙が来た。「僕もやって来た。……僕の来たことは絶対秘密」。行き違いだった。これを見た林は飛び立つ思いで、すぐにパリ行きの列車に乗った。大好きな大杉が来た！　懐かしい、一番大事な人だ。マルセイユの日本料理店で「正宗」の四合瓶を買い、夜の七時に出発、朝の七時にパリ着。大杉はベルリンの国際無政府主義大会に出る名目で来た。

大杉がパリに行ったのも林との関係があったこそだろう。

というのは有島生馬が林倭衛の絵を認め、人柄も好んで交流があることから、林の友人というより同志であった大杉は、フランス行きの費用一〇〇〇円を生馬の兄、作家の有島武郎を訪ねてもらっているからだ。大杉はチエン・チン・タアンという中国人に化けて上海経由で到着したが、林が手紙の住所に行ってみると、大杉はベルヴィルのひどい宿にいた。

「大杉さんは父より一〇年上なんです。父がエスタックから帰って急ぎ大杉さんの部屋をノックすると、中から開けた大杉さんはベッドの中にいたというの。ベッド一つしか置けないくらい狭くて汚かった。その上、トイレもなくて、階段のところに一つあるだけ。それで部屋の中で尿瓶に用を足して、たまると街の下水に捨ててたんだって」と聖子さん。

これは大杉自身も『日本脱出記』に書いている。ベルヴィル（Belleville）というのは「美しい町」という意味だが、今でもパリ郊外、北東にある中国人街である。しかし建築史家でフランスに長い山名善之さんに聞くと、「気さくで下町風ないい街ですよ」という。

とにかく下宿の惨状を見て呆れた林は「どうだい、すぐ引っ越すかい」とさそい、二人でホテルを探し同居した。そして当分の間、遊び暮らしたという。それがモンマルトルの丘のふもとヴィクトル・マッセ（Victor Massé）通りである。

「その頃の事は父がのちに『仏蘭西監獄及法廷の大杉栄』に詳しく書いています。その時、父は一年分の滞在費くらいは持ってきたのだけど、そろそろ底をついて、日本に帰るつもりだった。日記には毎日のように、金がない、誰それに二〇〇フラン借りた、というようなことが書いてあります。そこに有島武郎さんからお金をもらって大杉さんが来て、これ幸い、父は帰るに帰れなくなった。

私、二〇〇一年に八日間だけ、パリに行ったの。小野地清悦氏のおかげで大杉さんと父が暮らしていたホテル・ヴィクトル・マッセを見つけました。サクレ・クール寺院から降りてきて、例のムーランルージュの風車のある通りに出る手前。四階建てに今は上に継ぎ足しているようだったけど、そのままの姿でありました」

ヴィクトル・マッセは一九世紀のオペラ作曲家の名前をつけた通り。明治の末に、与謝野鉄幹と晶子が二一番地に暮らしていたところで、前に見に行ったことがあった。私はそこも訪ねたが、与謝野夫妻が暮らしていたのは、高い鉄棚に囲まれた、静かな一角。それと反対側にのびる雰囲気のまるで違う、いかにも街場という通りに確かに「ホテル・ヴィクトル・マッセ」というホテルが今もあった。たぶん、ここだろうが、フロントで聞いてみると、「最近、経営者も変わったし、私は来たばかりだし、知らない」という取りつくしまのない返事が返って来た。

バル・タバランの乱痴気騒ぎ

大杉と林はめちゃくちゃな遊び方をしている。バル・タバランという女性のいる居酒屋、これを林は下宿の二、三軒先と書いているが、実際に行ってみると、かなり距離がある。地下鉄ピガールの駅前のロータリーのようなところにあって、今は酒場でなくリヨン銀行の支店になっていた。ここについては永井荷風も『ふらんす物語』で触れている、いわゆる悪所である。愛妻、伊藤野枝との間に何人も子がいるのに、大杉はここで毎日娼館通い。「パリに／すきな事二つあり／女の世話のないのと／牢屋の酒とたばこ」（『日本脱出記』）と書いている。

「とにかく、大杉の渡仏は極秘でした。伊藤野枝さんから来た手紙はマルセイユの父の住所宛だった。つまり大杉に直接、手紙を出すと危ないので、野枝さんは林倭衛宛に出した。父は大杉さんがマルセイユに来ることなんかまるで知らなかったので、手紙が来ても事情が飲み込めないのでちんぷんかんぷんだったらしいの。

一緒に遊んでいても、父はお酒を飲むのに、大杉さんは飲まないからコーヒーを五、六杯もおかわりするんですって。それで、野枝さんのために買った腕時計を、バル・タバランですか、そこの酒場の女にあげちゃったんだって。とにかくあいつはすごいやつだった、といつもさかんに懐かしがってましたね。

野枝さんの肖像画も描こうとしたらしいけど、どうしても描けなかった。それは父が野枝さんが捨てた前の夫、辻潤さんも知っているからでしょうね。辻さんの事を『或る詩人の肖像』に描いて昭和七（一九三二）年の春陽会に出しています。野枝さんのことはあまり好きではなかったみたい」

大杉と林がパリにいた七年も昔になるが、大正五（一九一六）年、最初の妻堀保子、新聞記者神近市子と野枝との四角関係の挙句のはて、神近が大杉を刺すという「日蔭茶屋事件」が起きた。恋の勝利者となった野枝に対して、同志たちはわだかまりがあったのだろう。宮嶋資夫、村木源次郎、和田久太郎はじめ、大杉の周りにいた、ある意味、大杉に惚れた男たちに共通する傾向だ。というより、大杉を親分とするホモ・ソーシャルな関係の中に女が一人入ってくるのが邪魔だったのかもしれない。大杉に平気で子守りをさせ、おしめを洗わせる図太い生活者、野枝にカチンときたのかもしれない。

リヨンへ

三月一八日、大杉はリヨンにいた。

リヨンには中国人の同志がいたからである。マルセイユには義和団事件の賠償金でフランスが建てた中法学院、Institut Franco-Chinoisがあった（同じように、日本政府は賠償金で東京と京都に東方文化学院を立てている。内田祥三設計の東京の建物はのちに外務省語学研修所となり、現在は拓殖大学が所有。武田五一・東畑謙二設計の京都の建物は今、京都大学人文科学研究所となっている）。

リヨンの場合、両国の文化的交流を期待したフランス政府の意に反して、中法学院は反中華民国政府派のアナキスト系中国人たちの牙城となっていた。大杉はパリは詮索が厳しいので、リヨンで身元証明書をもらい、さらにベルリンの国際無政府主義大会に出るためのヴィザを取得しようと考えた。ホテル・ポワン・デュ・ジュールに滞在して、リヨンの裁判所内の旅券係にヴィザを出してもらうために日参する。しかし一日延ばしにされ、不調だった（フランス政府の移民労働許可書や労働ヴィザを出すことの遅さは今も同じである）。

『小松清』によると、三月三〇日に、小松と林倭衛はミラマールにアンリ・バルビュスを訪ねた。「地獄」を描いた作家で、「クラルテ運動」を主宰し、ヒューマニストとして声望があった。林はフランス語がわからないながら、彼の革命を語る声の美しさに聞き入った。そして、バルビュスも林に肖像画を描いてほしいと言い、約束をして別れた。そこにリヨンの大杉から手紙がきて、小松と林はリヨンに急行する。それは四月の初頭だったろう。小松は「エゴイスト」という小説に、大杉栄のことを書いているが、自信満々でアナキストの首魁を任じている大杉栄に反感を抱いたようだ。

とにかく小松清が大杉に会ったのはこのリヨンで一回きりで、また林倭衛がアンリ・バルビュスの肖像画を描くこともなかった。

私は、パリからリヨンに赴いた。ソーン川に沿った小さなホテルに旅装を解くと、宿の主人が「今日の夕食の予約はしてあるか」と聞いた。まだしていないというと、青くなってパソコンで調べあちこちに電話をかけてくれたが、どこも空いていない。それは二〇一七年のクリスマス・イブだった。私は有名なスモークサーモンにカモのグリルといった典型的クリスマスディナーにはありつけなかったが、予約なしに小さなレストランで、白ワインでカマスのクネルを軽く食べ、丘の上の有名な教会など三つの教会のミサを聞いて、結構満足だった。

そして翌日、大杉のいたという郊外の丘の上ポワン・デュ・ジュール(Point=du=Jour)までバスで行く。一日の始り、「夜明け」という意味の地名だ。寒さに震えながらバスを三〇分も待ち、終点で降り、周りの商店で、ここに同名のホテルがあるか、聞いてみたが、誰も知らなかった。みんな親切にスマホで調べてくれたりしたのだが。最後に雑誌やおもちゃや食料を売る小さな店の主人が、前の建物を指差し、「そういえば、あそこがこの前までホテルだった。今はスーパーになっているけど」と教えてくれた。確かにホテルのような造りである。

これは鎌田慧『大杉榮——自由への疾走』にも出てくる。鎌田さんも実地調査をして、ここ

リヨンのポワン・デュ・ジュールにあるかつてホテルだった建物。現在はスーパーに変わっている。大杉栄がここに逗留したと思われる(撮影・森まゆみ)

大杉が拘留されたラ・サンテの牢獄(撮影・森まゆみ)

へも来られたらしい。帰り、歩きに歩いて、中法学院の場所も確かめた。門も校舎も当時のままであった。大杉が毎日のようにヴィザを出してもらうために通った裁判所の大きな建物も、ソーン川沿いに健在だった。

一九二三年五月のはじめ、パリのサン・ミッシェル橋のたもとで、林は大杉と別れた。大学のあるカルチエ・ラタンからセーヌ川の中洲シテ島に渡る橋だ。シテ島にはステンドグラスで有名なサント・シャペル、マリー・アントワネットが処刑前にいたコンシェルジュリーの牢獄、東の端にはノートルダム寺院がある。

大正一二（一九二三）年五月一日、大杉はベルリン行きを諦めたのか、大胆な行動をとる。パリの北郊の労働者街、サン・ドニの労働会館で開かれたメーデー集会で演説したのだ。大杉はすぐに警察に引っ張られ、倭衛も関係者として聴取を受けている。「好ましからざる人物」と認定され、大杉はラ・サンテの牢獄に拘留された。

「魔子よ、魔子／パパは今／世界に名高い／パリの牢屋ラ・サンテに。」と大杉が詩を書いている（『日本脱出記』）。そこはモンパルナスから近い。今も高い壁に囲まれて現存する。大杉は六月三日、マルセイユから箱根丸で国外退去となった。マルセイユからの船の切符は、仏国通商の比疋誠が大使館に費用を出すように掛け合ってくれた。林はマルセイユまで送っていった。大杉は日本郵船の箱根丸に乗り込んだ。それが林が大杉を見た最後だった。

大杉の内縁の妻、伊藤野枝は同年五月一七日付でも林倭衛に手紙を出している。「あなたの悪い噂なんて何んにも聞きませんよ。尤もパリでは、酒と女と喧嘩で暮らしていらしたということは聞きますが、そんなことは格別悪事でもないようですね。……今年二九という私共の同年はかなり多いので、今年の暮れには、一つ、三十代忌避の会でもしようではないかという相談が持ち上がっています」

野枝と倭衛は同年だ。夫が異国の監獄の中にいるというのに、野枝の腹は据《すわ》わっている。若い若いといっても三〇が目前になり、もっと若い元気のいい連中から煙たがられている、そう野枝は書いている。しかし、野枝が三〇になることは永久になかった。

この年九月一日、未曾有《みぞう》の大地震が関東を襲い、大災害に乗じて「朝鮮人が井戸に毒を入れた」といった流言が広まり、町々には自警団が組織され、朝鮮の人々が多数撲殺されるなど、多く犠牲になった。一方、警察はこれを機会に社会主義者の弾圧に乗り出し、九月三日、平澤計《ひらさわけい》七《しち》や川合義虎《かわいよしとら》ら南葛労働会組合の幹部が拘留されて殺され（亀戸事件）、九月一六日、アナキスト大杉栄、妻の伊藤野枝、甥の橘宗一は憲兵隊によって縊《くび》り殺された（甘糟事件）。林倭衛は「あの日パリで捕まらなければ震災当時は日本に帰っていなかったろう」（一九二四年五月一日）と日記に書いている。

大杉が殺されたという報はいつ林倭衛にもたらされただろうか。大正一三（一九二四）年の「改造」の「仏蘭西監獄及法廷の大杉栄」には「十二月三十日パリにて」とある。九月一七日の大杉たちの無残な死の一報はこれより前に届いたはず。どんなにか悔しく、無念だったろう。

イヴォンヌとの出会い

一九二三年の夏、林倭衛はパリでイヴォンヌという女性と出会い、「婦人の肖像」を描く。他にもイヴォンヌを描いた作品は多く残されている。聖子さんの話。

「イヴォンヌさんははじめはお友達の木下孝則さんのモデルをやってらした。木下さんとは日本にいたときからの友達ですが、確かお父様（木下友三郎）は明治大学の総長じゃなかったかな。いい家の坊ちゃんでした。弟の義謙《よしのり》さんも画家だった。孝則さんは京大や東大で学び、義謙さんは東京商工（現東工大）で勉強した後、画家になられたんですね。この兄弟がパリへ行くにあたり、当時あちらにいらした仏国通商の日疋さんが身元を引き受けられました。木下さんにモデルを紹介してほしいと言われたので、日疋さんはやたらな人ではまずいと、堅いところのお嬢さんをお世話した。木下さんは浮気などしないカタい人で、女性雑誌の挿絵なんかも描いておられました。

しっかりもののお姉さんが郵便局長をしていて、お母さんと三人暮らし、その家に小さなアトリエもあって、ポンポンというかなり著名な彫刻家がそこを借りたりしていたようです。

父はあの通り人なつこいし、木下さんのアトリエに行って一緒にスケッチをしているうちに、帰りのバスがイヴォンヌと一緒なので仲よくなったらしいんですね。そして木下さんが日本に帰られた頃、二人はともに暮らすようになりました。

イヴォンヌさんとどこで暮らしていたかはわからないんです。父はフランス語は得意でなく、イヴォンヌさんともあまり話もできなかったでしょう」

翌一九二四年はほとんどをパリで過ごし、しかし倭衛は病気がちであった。

一九二五年一二月、イヴォンヌとエクス・アン・プロヴァンスに行き、南仏の景色を精力的に描いた。帰国すべき日は迫っていた。女への愛、しかし言葉のすべては届かないもどかしさ、里心、仕事への情熱、その狭間で林は揺れた。

5 セザンヌのアトリエ、エクス・アン・プロヴァンス

二〇一七年一月、私はパリに引き続き、南仏における林倭衛のあとを追うことにした。

パリのリヨン駅で稲葉夫妻と待ち合わせる。一人で南仏旅行は心もとない。特にマルセイユはフランスで一番治安の悪い町だからと、お二人が同行してくださることになった。パリからTGVで三時間、車窓はどこまでも続く畑。しかも霧の中。なにも風景など見えず、しかたなく厚い本に読みふける。エクス・アン・プロヴァンスの駅に着く。TGVの駅は在来線の駅や市街からは離れており、バスで三〇分。トランクを引きずってとにかくカフェで食事。残念ながら私の頼んだミラノ風カツレツはどす黒い色に揚がっていた。目抜き通りはミラボー街とい

い、プラタナス並木である。セザンヌも、彼の死後に来た林倭衛も、この辺で食事をとったことだろう。

由紀子さんは「そりゃパリの人にとってはエクスは憧れよ。空が青いし、水はおいしいし、大学がいくつもあって学生の多い、知的な雰囲気の街だもの」という。

ポール・セザンヌは、大正期の画家中村彝《つね》や彫塑家中原悌二郎《なかはらていじろう》などにも大きな影響を与えたフランスの画家である。紹介しておきたい。

一八三九年、エクス・アン・プロヴァンスに生まれ、最初、エクス大学で法律を学んだが、中学で一緒だったエミール・ゾラと文学や美術について語り合ううちに、法律より画家をめざし、二二歳の時にパリに出た（ゾラとの起伏ある交友については「セザンヌと過ごした時間」〈二〇一七年〉という映画がある）。当時、印象派のマネ、モネやルノワールも仲間だったが、無口でウィットに富む話もできないセザンヌは田舎者とあしらわれ、サロンにも落選続きで、二〇年後、失意のうちに帰郷した。うちとけたのはかなり年上のカミーユ・ピサロくらい。パリのモデル、オルタンス・フィケを恋人にしたが、父親にはいえず、隠し妻にしていた。そのオルタンスを描いた絵は多く、愛情があったのだと思われる。

父はもともと帽子の行商や製造から身を起こした人で、母はそこで働いていたお針子で、両親が正式に結婚したのは妹のマリーが生まれたあとだった。事業に成功した父親は小資本の銀行をエクスで始める。結婚については似たようなことが息子にも起こったのだ。セザンヌが結婚できたのは四七歳、体面を重んじる父の死後だった。

また母親を大事にするあまり、妻子とは別居して、ジャス・ド・ブッファンという母親の別荘に暮らしたり、街中でもいつも母親と夕食をとったという。死後、画商やピカソなどが再評価し、キュビズムなどにも展開するポスト印象派の画家として人気が出て、彼の絵は高額で取引されるようになった。

以上は現地のパンフレットによる。そこには地図と説明があって、セザンヌの生家、通った学校、デッサンを勉強した場所、結婚した教会、父の家、母の家、妻子を住まわせた家、葬式を行なった教会、坂の途中のアトリエ、墓所などを巡れるようになっている。また何度も絵の題材になった、白いサント・ヴィクトワール山の見える高台や、その近くのハイキングコースも提案されている。

町のそこここに噴水があり、一番の目抜き通りであるミラボー街はクリスマス・マーケットの名残で賑わっていた。片側が物販店で片側が飲食店ばかり。

林の年譜によると、大正一四（一九二五）年一二月、二度目のエクス・アン・プロヴァンス行きの際、林倭衛はそのセザンヌのアトリエを借りて住んだという。翌年五月には帰国しているので半年とはいなかったと思うが。

聖子さんから直前にこう聞いた。

「一九八八年、初めてフランスに一ヶ月行ったときルーアンにいた画家の谷内こうたさんの案内で、父が滞在したというエクスのセザンヌのアトリエも見に行きました。父の前にイギリス人の画家が少しいたけれど、国に帰ったので空いていて借りた、と父から聞いています。傾斜した斜面に立っているところで庭が広くて、緑が深かった。父がここにいた事を話し、特別に写真を撮らせてもらいました。割と広い二階のアトリエで、その頃はガランとして、女の人が留守番みたいに一人いるだけで入場料も払わなかった。

二度目に行った時はもうすっかり観光地になっていて、階段の下は土産物屋になっていたと思います。四度目に息子の卓《たかし》といったときは二月の寒い時で、空いていなかったのよね」

二〇一七年の私は外周道路から五番というバスに乗った。まず、セザンヌがよく絵を描いた見晴台まで行った。登り口がわかりにくい。犬を散歩させる親切な男性の案内でどうにかたどり着く。確かにそこからはセザンヌがよく描いたサント・ヴィクトワール山がよく見えた。

坂を下って、セザンヌのアトリエへ。一階は聖子さんがいうようにチケット売り場とミュージアムショップで、二階にアトリエ。所狭しと、セザンヌの絵に現れる小道具、水差しや髑髏《どくろ》などが置いてあった。学芸員が説明する。

「セザンヌがここにいたのは晩年で、朝早くここまで上がってきて午前中仕事をし、お昼を取りに家まで降りていたので健脚と言えますよね。バスなんてない頃の話です。

生きているうちはサロンに出してもまず入選せず、一八八二年に一度だけ入選、セザンヌが一九〇六年に亡くなった翌年の回顧展で注目され、セザンヌ再評価が始まりました。ゴッホの描いている画廊主タンギー爺さんがセザンヌの絵も扱った。そのうちアメリカで人気が出、死後は一番高く取引される画家になりました」

ようやく客が途切れた。これ幸いと学芸員に聞いてみた。

——林倭衛というこのアトリエに住んだ日本人画家を知っていますか。

「いいえ、知りません。アトリエは息子のポールに引き継がれたのですが、息子は全く親の遺物を守ろうとか父親を顕彰しようという気がなかった。一九二一年にフィリップ・プロヴァンスという詩人が、息子からそのアトリエを買い取りました」

——林倭衛が来たのは一九二五年の一二月だったはずです。

「でもプロヴァンス氏がその後三〇年、一九五一年に亡くなるまでこの建物に住んだことになっています。それに二階にはベッドルームはありません。間借りしていたとしたら下じゃないのかしら。キッチンもあったというし」

『セザンヌのアトリエ』というフランス語の大判の本を見せてもらったが、そこには訪ねてきた日本人画家として、ハセガワとヒラオカと言う名前の人があるきりだった。

しかし、林倭衛の日記に基づく小崎軍司氏の伝記によれば、大正一四（一九二五）年一二月一八日、林倭衛はパリを発ち、二〇日にはセザンヌのアトリエを訪れて、貸してほしいと交渉した。家主が来春までここに住むのでと断られるが、「折角ここで絵を描きたいと思って日本から来たのだ」というと、「画室だけならば貸してもいい」ということになる。

翌日、倭衛はイヴォンヌと暮らす住居を近くに探し、セザンヌ氏は「二十八日までに片付けておくからその日に来てくれ」と言ったことになっている。

このことについて現在のアトリエの写真とともに、帰ってから聖子さんに報告に行った。「へえ、今こんな風になってるの？　私が最初に行った時はガランとして一階は物置だったわよ」

セザンヌのアトリエを林倭衛がどのように使ったのか、その滞在時期や家賃などは確実なことはわからない。しかし、ここで帰国を前に、できるだけいい仕事をして帰ろうと、林倭衛が必死で創作したことは確かだ。「この絵もつくづく嫌になった」「へたな絵を一生懸命になって描くなんて余程才能の欠乏した男だ」「絵が描けないのは、矢張り自分の態度が悪いからだ」などと日記に書いている。それでも、訪ねてくる友人が多く、さびしがり屋の倭衛は、食事をしたり、酒を飲んだり、つい付き合ってしまうのだった。

現地では、林倭衛が日記に書き留めている店カフェ・ミラボー、レストラン・プロヴァンサル、レストラン・バンザル、カフェ・オリエンタル、ホテル・ルーブル、カフェ・ミュウゼなどを郷土資料館の学芸員に聞いてみたがわからなかった。

しかし、面白いことに、観光案内所の青年が、最近のフランスでのオークションに林（アヤシ）の絵が何点か出ているると、フランス風に「h」の音を発音しないで教えてくれた。その中にはサント・ヴィクトワールの絵もあり、「セザンヌと同じ構図です。彼の影響が強く見て取れます」という。もしかすると、滞仏時代の作品を全部梱包して船便で持ちかえったわけではないのかもしれない。作品によっては現地で金に換え、生活の足しにしたこともあったのではないか。

マルセイユ

私たちはエクスから在来線でマルセイユへ向かう。当時、日本人が船で着いたのはマルセイユ港だったからだ。フランスで最も治安の悪い街だというのでなんとなく緊張する。それで地下鉄に乗らずに、港に面したホテル・エルメスまでタクシーに乗った。稲葉夫妻が一緒なので安心だ。大きな荷物を運んでもらって運賃九ユーロは高くない。宿は二つ星で部屋も狭かったが、立地条件は最高、古い港に面している。港はほとんどヨットハーバーになっているが、深さは結構あって、昔は外国航路の大きな船も着いたらしい。

ローブの丘から見るサント・ヴィクトワール山。セザンヌも林も好んで描いた（撮影・森まゆみ）

1988年11月セザンヌのアトリエを友人とともに訪れた林聖子（所蔵・林聖子）

ハーバーに面したところに海産物を食べさせる店がたくさんあって、念願のムール貝を頼む。宏爾さんの海の幸のリゾットも、タコやイカやエビがどっさり入っていて味見させてもらったらおいしかった。海の幸にお米がまぶしてあるという感じだった。ウェイターはヒゲのオヤジ、楽しそうに仕事をしている。

パリの寒さ、暗さが嘘のようだ。日差しが強くて体がポカポカしてコートもぬぎたくなる。冬のパリから来た林倭衛もどんなにうれしかったことだろう。博物館でちょうど一〇〇年前の動画を見ると、女性たちはまだ長い大きなドレスを着て、籠を頭にのせ、スカートを引きずって、魚やいろんなものを運んでいる。マルセイユの産業ではしゃぼん石鹼が有名だ。いわゆるマルセイユ石鹼。

大杉栄や林倭衛が泊まったホテル・ノワイユはノワイユ地区にあった。それはカヌビエール通りという坂の途中の一流ホテルだった。建物は残っているが一九三八年に火災にあって閉鎖され、二〇〇四年に一部はマルセイユ警察になった。ガンディーやプッチーニやワーグナーも泊まったという。音楽家の場合、坂下の左手にオペラ座があるからだろうか。

目抜き通りはアラブ系のベールを被った女の人たちとか、アフリカ系の人びとが多い。街並みはパリのようなのに雰囲気がまったく違う。

私たちは昼にクスクスを一五ユーロで食べた。それから、まるで閉じ込められた巌窟王の気分になるリチョッティ設計の新しい欧州地中海文明博物館（ＭｕＣＥＭ）や、まちじゅう壁画の多い下町パニエ地区を見て、ル・コルビジェの集合住宅アビタシオンに泊まるという体験もしたのだが、林倭衛には直接関係ない。スリとぼったくりに遭わなければマルセイユはいい街だ。

聖子さんは四回目の渡仏時、息子の卓さんを連れて行った。「巌窟王の舞台イフ島に行きたかったんだよ。だけど泥棒が多くて、母が目をつけられて大変だった。すごくまずいブイヤベースと、すごくおいしい鶏の丸焼きを覚えている」と卓さんはいう。

翌日、マルセイユから電車で二駅ぐらい乗ってエスタックへ。駅にはベルエポック風の飾りがついていて、これを林倭衛も見ただろうと思った。セザンヌも林倭衛もここの絵を描いているが、私が訪ねた日はものすごく海風が強くて寒い上に、遠くには石切場と工場が見えた。この風がミストラル（北風）というものか。倭衛のいた頃は昔の漁村の風情があったのだろうに、工場地帯のようになっていて、歳月は風景を変えていた。

6 秋田富子と結婚、聖子が生まれる

大正一五（一九二六）年五月、五年にわたる滞欧を切り上げ、恋人イヴォンヌを置いて林倭衛は帰国。イヴォンヌの方も、出会った時からいつかは別れる愛人関係と割り切っていたのだろうか。伝記作者、小崎軍司氏は「女の青春を彼にささげたイボンヌ《ママ》はすがりついて離れようとしなかった」と書いているが、これはなんとも男性目線の表現である。フランス女性のイヴォンヌはもう少し、しっかりと自立した誇り高い女性であったと思いたい。

帰国した林倭衛は、二科会を脱退し、春陽会会員となる。春陽会は大正一一（一九二二）年に

発足し、足立源一郎、倉田白羊《はくよう》、小杉放庵《ほうあん》、山本鼎《かなえ》、森田恒友《つねとも》、こうしてみると、田端で美術文芸誌「方寸」を作っていたメンバーと重なっている。林が参加することについては、フランスにいた頃、足立源一郎の熱心な誘いがあった。

この年の暮れ、一二月に大正天皇が死去、昭和と改元。昭和元年はたった七日しかなかった。昭和二（一九二七）年の三月、新宿紀伊國屋の画廊で、林倭衛、木下兄弟（孝則、義謙）、野口弥太郎の「四人展」が開かれる。また四月には東京府立美術館（現在の東京都美術館）で第五回春陽展が開かれ、一室を占めた新帰朝の林倭衛の絵は注目を集めた。有島生馬は「林君の絵には一種の香がある」と言い、富永惣一は「林氏の絵は清らかで明るい」と評した。同時に、林は自らも美術評論を書き、その忌憚ない鋭い批評も人気があった。

この年、秋田富子と結婚。

――フランスに恋人がいるのにどうしてなのでしょう。今度はお母様の事を聞かせていただけますか？

「母の事は一度、昭和六一（一九八六）年の『風紋』二五周年のときの記念文集に『いとぐるま』と題して書きました」

それによると……

聖子の母、秋田富子は明治四二（一九〇九）年三月三日、岡山の山の中、津山に生まれた。生家は淀永屋といって幕末の頃から伏見町で鼈甲《べっこう》、珊瑚《さんご》、翡翠《ひすい》などの卸問屋をしていた。元は鳥取池田家の下級士族だったが、維新後、商売に変えて、鳥取で商売するのはみっともないと津山に移転した。

「母には姉が四人いまして、みな日本女子大や同志社女学校を出て、しかるべきところに嫁ぎました。そちらの一族は銀行勤めの人、経理士とか、医者とか堅いんです。母だけは津山高女の頃から『画家になりたい』といって親を困らせたそうです。

というのは母の母は幼い頃に自死しているんですよね。母の下に生まれた妹が五歳ぐらいで亡くなって、精神不安になっちゃった。そのことが母に複雑な影響を与えているんでしょう。男の子も二人いて、すぐ下の弟秋田寅男は絵描きになっています。

祖父の秋田房次郎は後添いをもらって、その後妻さんは約束通り何年か勤めると、恩給をもらってどこか別の家に行っちゃったようですけどね。奉公のようなものだったのでしょうか」

富子は津山から上京、新宿の精華高等女学校（九段精華とは別）に通いながら、最初木下孝則に弟子入りしたが、「もう自分の教えられることは教えたから、後はこの人に習いなさい」とフランスから帰ったばかりの林倭衛を紹介された。弟子が恋人になり、結婚するのにそう時間はかからなかった。

「なるようになっちゃったのね。父が数えの三三で母が一九で、年は一四くらい違います。所帯を持ったのは荻窪です。母の父が、身重になった母のことをどうするのか、と父に迫った。それで入籍したらしいです。そのときの仲人は木下孝則さん。私は昭和三（一九二八）年の三月に笹塚の病院で生まれたんですけど、その年の正月に、父はまたフランスに行き、私の生まれた時は日本にいませんでした」

知人、山口の裕福な地主の子に生まれた小林和作が、遺産が転がり込んだので、「よし、金は出すから案内しろよ」ということになり、林重義と三人でシベリア鉄道で行った。小林と林は共に鹿子木《かのこぎ》孟郎《たけしろう》の門下の画家である。身重の富子を置いて。そして再びかつての恋人イヴォンヌと同棲した。

「イギリスにも行ったようですね。とにかくあの頃の男は勝手で、女は割りを食ったのよね。母も母で二〇代のはじめで何もわからない、私が赤ちゃんの時に、おしめがずれて、ベビー毛布が汚れたら、毛布ごと汲み取り式のお便所に捨てちゃったというくらいですから」

二度目に林倭衛が滞在したパリのアパートには武林《たけばやし》無想庵《むそうあん》、文子夫妻、その娘の（倭衛の恋人とは別の）イヴォンヌ、辻潤と野枝の息子のまこともいた。ダダイスト辻潤は読売新聞の特派員という身分で、大杉とともに震災後虐殺された野枝のわすれがたみ、まことを連れてパリに行った。

「あの頃の新聞社がお金を出して辻潤を特派というか外遊させたのね。それで新聞に何か紀行文を書くわけじゃない。呑気な時代よ。この若いイヴォンヌとまことさんがのちに結婚したのも、まこちゃん（辻まことのこと）がずっとあとになって私の『風紋』によく来てくれたのも、不思議な巡り合わせね。

辻潤親子がパリに来た時、父が買い物に連れて行ってやるといって鍋や釜を買いに行ったことがある。『とうていフランス語とは思えない発音だった』とまこちゃんは笑ってた。二人でやかんを買いに行った時に、いくら父が言っても通じなかった。やかんが湯気を噴いているモノマネもしたけどダメ、まこちゃんが言ったら出てきたんだって。父は歌もダメだしねえ」

最初、辻潤は友達の武林無想庵と一緒に行くことになっていたが、無想庵を金づると踏んだ中平文子が結婚してかっさらうように連れて行ってしまい、辻潤は息子を連れて後から行った。パリでは外出もせず、下宿の中で中里介山の『大菩薩峠』を読んでいたと伝わる。

札幌の裕福な家の息子だった無想庵がパリに連れて行ったのが、友達で詩人山本露葉《やまもとろよう》の息子、のちにコラムニストになった山本夏彦（一九一五―二〇〇二）で、『無想庵物語』という滞仏時代を描いた名著がある。男を手玉にとりつづけ自らを「幸福な妖婦」と称した中平文子にこの本はいたって冷たい。私は一九九〇年頃、工作社の社長だった夏彦さんに銀座のバーに連れて行っていただいたことがあるが、「戦時中、谷中あたりで虚無僧姿の辻潤に会ったことがあるな」と話をしてくださった。

その父山本露葉は根岸にいた人で、夏彦さんがローティーンの頃に亡くなったが、夏彦さんは根岸の話も懐かしそうにされた。根岸にいた寺門静軒《てらかどせいけん》や酒井抱一《さかいほういつ》の話をしたら「あんたは江戸の人ですか」とファッファッと笑った。夏彦さんは保守派と目されたが、今思えばリベラル保守であって、常に、裸一貫で作り上げた零細企業主の目から世の中を眺めていた人だった。その工作社という会社、そこで出していた「室内」というユニークな雑誌も今はない。

——ところで辻潤はパリで松尾邦之助《まつおくにのすけ》と交流していますね。彼は浜松の裕福な家の子で、パリ大学を卒業し、パリで「日仏評論」を出し、日本の文化をかの地に紹介しました。辻潤の肩書きを引き継ぎ、読売新聞パリ特派員になってもいます。戦後に帰国しました。

「松尾さん、名前はオシャレなんだけど、もじゃもじゃ頭で顔の中央に鼻の座った狛犬みたいな人でした。お店にも来てくれましたよ。背は当時としてはかなり大きかったな。父とタイプは似ているんだけど、もっとゆったりした方でね。見かけと違って優しい方でした。

松尾さんが『マンジエ、マンジエ』というのを東北訛りかなんかで、『まずい』というのかと思ってたら『もっと食べろ』ということだったんだ、と父は言ってました。私が最初に銀座に働きに出た時も、『風紋』を始めた時にも辻まことさんと一緒に来てくださいました」

——『無想庵物語』によれば、無想庵と中平文子の間にできたイヴォンヌを辻まことと山本夏彦が取り合ったようですね。一〇代の少年少女の恋愛ですが。

「三人で銀座を歩いている写真がありますね。イヴォンヌとまことさんが結婚して、結局別れた。あれは心ならずも母親の文子に別れさせられたみたい。まこちゃんは別れたくなかったと聞いています。イヴォンヌさんは無邪気な人だったけど、母親が母親だから、ちょっと常識外のところもあったわね。知っている人の話では、まこちゃんを訪ねたら、火鉢に炭もなくて、着るものも売っちゃって、イヴォンヌが裸同然で布団にくるまっているんだって。それでまこちゃんがちょっと買い物に行ってくると出て行ったら、その間にイヴォンヌが『お寒いでしょ、お入りになって』と言って布団の中に入れてくれたんだって。ほんと、気のいい人なのよ。

のちに父の友達の画家、青山義雄さんがパリでイヴォンヌに出会って声をかけたら尋常じゃなかったと。何の反応もなく、ぼーっとしてるんだって。心の病ではなかったのかな」

――辻まこととイヴォンヌの間に生まれた野生《のぶ》は、のちに竹久夢二の次男不二彦の養女になっています。自分が母親にされたことをまことさんが繰り返しているような。

「あれは不二彦さんの奥さんがえらいの。お二人には子どもがいなかったんだけど。奥さんはサバサバしたいい人で、まこちゃんが、預かってと言ったら、北海道で戦後すぐからずっと一緒に暮らして。その子は今は竹久野生という名前で、南米コロンビアのボゴダで有名な画家になっておられます。初めて会った時は一四か一五だったけど、ピチピチした健康的なお嬢さんだった。日本にいらした時にうちにも見えました。

まことさんは『聖子ちゃん、あのおやじさんは家族にはものを買わなかっただろう』なんてうちの父のことをいうのよ。私が小学生の一年生くらいのとき。『僕はおじさんに、聖子ちゃんよりいっぱい買ってもらっているよ。大物は自転車だ』なんて威張ってた。父は外面《そとづら》はいいのよね。そういえば私が父に買ってもらったものは戦争中の北京土産の革靴と、酔っぱらって酒場でばかでかい人形を売りつけられて持ってきたぐらいかな。赤い服でね。私カーマインちゃんて名前つけて大事にしてたの。まこちゃんは、本当に笑顔のきれいな人でした。やたら魅力的な人。そう、やたらにね」

1937年、林倭衛（所蔵・林聖子）

7 伊豆静浦から小石川小日向水道町へ

有島生馬の忠告により、林倭衛の二度目の滞仏は一年数ヶ月で終わった。昭和四（一九二九）年三月に出発、四月二四日帰国。しかし倭衛が帰国したとき、イヴォンヌのお腹には一つの生命が宿っていた。その男の子は同年、一九二九年に生まれた。聖子の腹違いの一つ年下の弟ということになる。この年・倭衛は滞仏中に描いた絵を春陽会に出品。

ジョルジュの写真

「ひどいわね。あの頃の男って。夫がフランスに行っていない間に二〇で私を生んだ母にしても心細かったと思いますよ。でもフランスに残されたイヴォンヌさんもどんなに心細かったでしょう。あちらも一人で子どもを生んで育てたわけでしょう。父は気前のいい人でしたから、まったく送金しなかったとは思いませんが、最初のうちだけでしょう。きちんと定期的に、十分な生活費を送ったりはしなかったと思うわ。父は子どもができるといたたまれなくて逃げちゃうのよね。それは最後の妻、操さんとの場合もそうでした。

イヴォンヌとの間の子の名前はジョルジュといいます。父にはフランスに別の女の人イヴォンヌと子どもジョルジュがいる、ということについてはうっすらと聞いていた。私が一四歳のときでしょうか。昭和一七（一九四二）年、父は中国に行って留守でしたが、浦和の家の父の机の中に絵に押すきれいな印があるので、それを眺めてた。もう一つの引き出しに紙に包んだものがあって、私、なんだかぴんと来たの。それで中にあった写

林が引き出しにしまっていたイヴォンヌと息子ジョルジュの写真（所蔵・林聖子）

真の原板を写真屋さんに持っていって焼いてもらった。

　それは父の恋人イヴォンヌと三ヶ月くらいの赤ちゃんの写真で、父宛に、生まれた赤ん坊の写真を送ってきたものでしょう。裏にオルレアン通り三一番地と写真館の住所が書いてあった。四回目かな、最後に八日間だけパリに行った時に探したら、写真館でなく洋服屋さんになっていました。モンパルナスの墓地の近くね。パリには日本より遥かに古い建物は残っていますが、昔の話はよほどのお年寄りじゃないとわからないのよ。オルレアン通りという名前ももうなかった。ジョルジュには一度も会ったことはありません。有島生馬さんは会われたらしいけど。私より一つ下だからもう八九歳よね、生きているとすれば」

　写真を送ってきたとすれば、イヴォンヌにも、「恋人林倭衛に知らせたい」という思いがあったのだろう。恨みがましい感じの写真ではない。その頃の女の人って愚痴も言わずに強い。

——イヴォンヌさんも、日本に別の女性と子どもがいることをご存知だったのでしょう。

「それでも私は父が好きでした。嘘がつけない人。根が優しい人だから。自分が苦労しているから、人が困るのを黙ってみてられないのね。私はイヴォンヌとのことがあまり気にならなかった。むしろ父にちょっと聞いてみたかったけど、それははばかられましたね」

静浦時代

帰国した林は一家三人小石川武嶋町に住む。昭和五（一九三〇）年、母富子が肺浸潤に冒されていることがわかり入院、翌年秋、転地療養をかねて家族で伊豆静浦（現沼津市）に移った。

「私が物心がついたのは静浦ね。二年くらいはいたのかしら。父は山国の長野に生まれて、東京に出て初めて海を見て、取り憑かれてしまったのね。だから生涯、海が好きで、海の絵を描くのに、フランスでもそうでしたが、日本中あちこち転々としました。静浦で借りたのは小泉別荘というのですが、小泉三申《こいずみさんしん》とかいって、幸徳秋水とも知り合いだった政治家のお家」

小泉三申は本名策太郎、静岡県出身のジャーナリスト、相場師、のちに政治家。

「ゆったりした船に、私たち五、六人、船頭さんと八人くらい乗って、おひつ持って、七輪乗せて、釣った魚をそこで焼いて食べたのを覚えていますよ。父は寂しいからいろんな人に遊びに来いと声をかけるんです。このとき、浜松の知人に預けられていた辻まことさんや弟の若松流二さん兄弟がよく来ました。父はまこちゃんを愛してたわね。それからまことさんは亡くなるまで、ずっと私にとって兄のような存在でした」

遅ればせながら書いておく。日本で最初の女性たちによる女性のための雑誌「青鞜」を平塚らいてうから譲りうけ、二代目編集長だった伊藤野枝は大杉栄を愛して、連れ添った辻潤と長男のまことを置いて家をでた。そして生まれたばかりの流二を連れて、千葉御宿の上野屋旅館に止宿。ここは図らずも、その前に平塚らいてうが若い画家の恋人、奥村博史と過ごした海辺の村である。そこに大杉が来て、出産間もない野枝と愛の日々を過ごす。そして御宿の漁師若松家に里子に出された流二は里子流れというか、そのまま生涯若松姓を名乗ることになる。この人は、会った方によると、やはり爽やかな自由人だったそうである。

「アナキストの田戸正春の一家も隣にいました。日暮里の大地主の家に生まれ、浅草の興行などにも関わっていた方です。それで息子の栄《さかえ》さんを〝エイちゃん〟、あるいは〝栄坊〟。私のことは〝しーちゃん〟なんて呼び合って、兄弟のように遊びました。父は自分から海辺に来たのに、寂しいというので浅枝次朗さんをお呼びしてね、そうです、毎日宴会。朝になると火鉢に二、三〇本はタバコの吸い殻がありました。

その頃まだ私は二つか三つ、父の下駄を履いて、棒を持って走り回っていた。野蛮で元気な子どもでした。何年か前に栄さんと静浦にいってみたら、あの頃うちにいたお手伝いさん、田戸家にいたせつさん、二人ともお元気で大歓待してくれたの。でも田戸さんちはすぐ隣だと思っていたけど、結構遠かったのよね。お母さんが何か教えておられて、若い娘さんが来ていました」

田戸正春（一八九九―?）は日暮里、谷中あたりにいた地主の子として生まれ、一〇代からアナキズムに近づき、同じく下谷の八百屋の息子、五十里幸太郎《いそりこうたろう》らと「矛盾」を発行。上野の山の中に三宜亭《さんぎてい》を経営し、そこでは菊池寛、久米正雄、広津和郎らがよく麻雀をしていたという。アナキストもよく来た。林倭衛も田戸との関係でよく三宜亭に行っていたのではなかろうか。そうすると昭和五(一九三〇)年の個展の際、林が菊池、芥川、久米、広津らに招待状を出した経緯がすんなり解ける。

「樗牛賞をいただいた頃から、日動画廊の長谷川仁さんが父に期待して、絵を買ってくださったので、生活は割と安定していた。木下孝則さんもお金が足りなくなると日動に行って、手を出すとなにがしかお小遣いをくれたと言っておられます。父も自分で絵を売る才覚などはないので、真似して手を出していた。最初の頃、清野さんという番頭さんがお金を届けにきていました。父は大酒飲みだし、絵を描くのに、しょっちゅう旅に出ているしで、貯金はなかったと思いますが」

その頃、肺を患っていた富子の歌がある。

うつそみの吾がなが病めばなりはひに　追はるる夫はけふも出でゆく
吾が病またもきざしつふくらめる　骨をなでつゝ思ひかなしも

これを見ると、病気となった自分を責め、夫の生活のための苦労を申しわけなく思っているようである。思うようにならない自分の体を横たえつつ、富子はじっと耐えた。寂しがりの富子が旅先の夫に毎日のように手紙を出したことが、林倭衛の日記にはあるそうだ。しかし、夫の方は相変わらず大酒をのみ、芸者をあげて遊んだりしていた。

「母は、子どもの頃は男の子とチャンバラするくらい活発だったそうですけど、病気になり、もともとお嬢さん育ちで炊事洗濯なんかやったことがない人。私、母のお料理なんて食べたことがないわ。あるとき私が甘いものが食べたいと言ったんじゃないかしら。パンを焼いてバターをぬって、砂糖をふりかけてはいとくれたのを覚えています。作ってもらったのはそのくらいね。

とても舅や姑に尽くせるような体ではなかったのよ。母が弱かったその分、林の祖父母の方に面倒かけました。周おばあちゃんは働き者でね。着物は全部縫っちゃうし、布団もつくっちゃう。私が一番影響を受けたのはこの父方の祖母周さんじゃないかしら。おばあちゃん子は三文安いなんて言われますね。私は誰と一緒に暮らそうと、のんきだったんですね」

しじみっ貝

昭和七（一九三二）年、家族は静岡県沼津市静浦を引き上げて、今度は小石川区小日向水道町に住んだ。第一次上海事変の年である。

聖子は昭和九（一九三四）年、学齢期に達し、ここで小日向台町小学校に上がる。

「元は黒田小学校といったんじゃないかな。近くに服部坂というのがあったわ。その谷を挟んで反対側の丘の上に鳩山一郎さんの屋敷があった。あの辺は割合知り合いが多かったんですよね。凸版印刷もあって、印刷関係の人も多かったし、ヴァイオリニストの小野アンナさんも近くにいました。

二階にイタリアから帰った画家の別府貫一郎《べっぷかんいちろう》さんが下宿していて、母の姉と縁談が起きて結婚しました。四番目の伯母だけは丙午《ひのえうま》の生まれで、家事もよくできる人だったのに結婚できずにいたんですね。父が別府も独身だし、いいだろうなんて、くっつけちゃいました」

──別府さんは佐賀の人で、ヴェネツィアに行き、パリでは林芙美子と交友がありました。昭和八（一九三三）年に日本に帰られています。バー「風紋」の壁には彼の「ため息の橋」を描いた絵がありますね。

「あの頃、父には絵描き以外の友人も多かったですよ。それで私もいろんな方にお会いできたんですよね。三〇過ぎてからの子ですから、かわいがってもらって」

林倭衛は聖子を溺愛した、展覧会にも飲み屋にも連れて行った。アナキストで詩人の岡本潤がその頃の林を「猪のような体軀で、飲んでいるあいだはほとんど固形食物を口にせず、アルコール飲料ばかり底なしに飲んでいた。それに林は、いつも六つくらいの可愛らしい女の子をつれていた」と自伝『罰当りは生きている』に書いている。岡本潤の愛娘、一子《かずこ》さんには、自分もよく父に酒場に連れて行かれたと聞いた。

「上野の、前の東京府の美術館、あそこもよく連れて行かれたわ。あの階段の下にレストランや売店があって、もう絵を見るのも飽きちゃうもんですから、そこで森永のチョコレートを買って、エンゼルのマークをせっせと集めると、また一つもらえるとかに熱中してました。帰りに菊岡久利《きくおかくり》さんのやっていた銀座の居酒屋『山の小舎』とか『菊正』とかに寄っていましたね。

菊岡さんは詩人ですかね、でも銀座の顔役みたいな親分肌の方でしたよ。泰明小学校の近くにあった『山の小舎』は菊岡さんの妹のひな子さんと武田麟太郎の恋人の藤村千代さんがカウンターの中にいました。そして私は後ろのソファでぐうぐう眠ってしまうんですが、父は私をすっかり忘れて、どこか別の店にはしごして、そのうちに忘れ物に気づいて私を取りに戻るというふうでした」

久板卯之助、大杉栄、和田久太郎、こうした仲間たちの非業の死、それに加え、政治活動、政治結社は弾圧され、日本は暗い時代に入っていく。その鬱屈が倭衛になかったとは考えられない。この頃、林は「絵描きをやめて伊豆大島にでも渡り牛を飼って生活したい」などと言っていたそうである。

――画家の友達では、硲伊之助と仲がよかったとか。

「硲さんは滞欧時代に知り合ったニースの果物屋の娘さんでアデリアさんて奥様とよくいらしてね。その方、いつも『ちわーッ』って挨拶して見えたのね。ご用聞きの言葉を覚えちゃってね。いつも『ちわーッ』って元気な声で入ってらした。

おうちに遊びにいったら、父と硲さんが話し込んでね。私が退屈していたからかしら、アデリアさんが、ミシンでネコのアップリケをつくってくれたの。耳をつけて、髭をつけて。私はうれしくてそれをつけて帰ってきたんですけど。結局、アデリアさんは硲さんと別れてフランスにお帰りになりました。硲さんによれば、やたら洋服を買ったり、浪費が過ぎたようですけれど。着るものがなくて裸では歩けないと言ったんですって。向こうの女の人は我慢しないですからね。

戦後、林芙美子が『毎日新聞』で『うず潮』を連載して、それをあとで新潮社で本にしたんですが、そのとき私、新潮社に勤めていて、その挿絵を硲伊之助さんに描いていただいて、お返しに上がった時には世田谷の赤堤にいらっしゃいました。でもその時は原画が何枚か足りないと、ものすごくお叱りを受けたものですから、林倭衛の娘であるとは言いそびれました。印刷所から返ってこなかったのかもしれません。

父は誰とでも仲よくて、青木繁の友人で、馬の絵を描く九州の坂本繁二郎さんとも仲よかったし」

8 もう一人の画家・硲伊之助のこと

思っていることはいつか叶う。林倭衛の日本水彩画研究所以来の親友、硲《はざま》伊之助について知りたいと思っていたが、硲伊之助美術館主宰、陶芸家の海部《あまべ》公子さんを訪ねることができた。一六歳の時、六〇歳の画家硲伊之助と出会い、助手として、内弟子として彼の死まで二〇年以上を共に生きた。公子さんより一〇年遅れて内弟子になった紘一さんと、現在は石川県大聖寺の丘の上で、製陶を続けておられる。紘一さんは硲姓を名乗る。

――二〇年、先生と暮らされた中、何か林倭衛のことを聞いておられますか。

「ええ。よく聞きました。林は親友だと。先生は林さんを本当にお好きだったらしいです。大正一〇（一九二一）年にクライスト号で、先生がフランスに留学された時に、一緒だったのが、林倭衛、坂本繁二郎、小出楢重、それと中村さんて医師です。中村さんは古地図の研究家でもありました」

——四〇日の船旅を共にし、到着したパリでも、エルネスト・クレッソン街の同じアパートに住んだようです。林はお金がなくて最上階にしか住めなかったようですが。

「あら、屋根裏部屋といって、景色もいいし、パリではなかなか風情のあるものですよ」

——硲伊之助が留学するまでの足取りを教えてください。

「先生のルーツは和歌山の加茂村、今は海南市となっているあたりです。あそこにはこのむずかしい姓の人がまだいます。お父さんは日本橋の大店、木村漆器店の丁稚から大番頭まで出世した人で、並行して本所の曳舟で油問屋を経営していた。長者番付にも乗るような裕福な家に、先生は生まれたんです」

——年譜によると、慶應の普通部を退学、大下藤次郎の日本水彩画研究所に入った。林倭衛もここに通いましたから、その頃からの付き合いでしょうか。

「アナキストのクロポトキンに傾倒したのは、林さんの影響ではないですか。硲伊之助は一〇代でヒュウザン会に出品し『天才少年現る』と一人前に遇された。大正三（一九一五）年第一回二科展で二科賞。七（一九一八）年にも第五回二科展で再度二科賞を受けました。パリに行きたくて仕方なかった。お父さんは本当は慶應の経済を出して家を継がせたかったらしいですよ。お兄さんが二人いましたが商売向きじゃなかった。大正一〇（一九二一）年にお父さんが亡くなったので、遺産を兄弟で分けて、それってんでパリに向かいました」

——林倭衛の方は伯父さんがかなり金銭援助をしてくれているようですが、貧しい留学です。林も明治二八（一八九五）年の生まれで、同年ですね。

「硲伊之助にはお兄さんが毎月三〇〇円送ってくれて、それで暮らしていた。でも贅沢する人じゃないし、お酒も飲まない、女性とも遊ばない。それで林倭衛さんに半分の一五〇円をフランスにいる間中、五年間分けてあげたと聞きました。でもそのことは小崎軍司さんの書かれた伝記には出てきませんね。林倭衛が誰にも言わなかったのかもしれません。先生もお人好しで、人の悪口は言わない人ですし」

フランスに旅立つ頃の硲伊之助（撮影・森まゆみ）

——えっ、それは初めて聞くお話です。林倭衛はエクス・アン・プロヴァンスと、マルセイユ近くのエスタックにも滞在しています。

「硲伊之助も南仏に行きましたが、主にニースでした。そこで終生の師であるマチスに会っています。昭和四（一九二九）年に帰国するまで、およそ八年フランスにいました」

別のところで、硲伊之助は「自分はエスタックが気に入って二年そこにいた」とも書いているし、「サント・ヴィクトワール山」も描いているので、エクス・アン・プロヴァンスにもいた可能性がある。

「林さんの恋人だったイヴォンヌさんのことも聞いています。硲先生が三等車に乗り込もうとしたら、腕を組んだ林さんとイヴォンヌさんが二等車に乗り込んだと」

お金を援助している方が三等車なのに、もらっている方が二等車というのは、普通なら気に障るが、硲は頓着しなかったらしい。硲はフランスで描いた絵を帰国後、二科展や春陽会に出品。そもそも、帝展の権威主義に反対してできたのが二科展だが、その仲間の間にもセクト主義は強く、「なんで二科と春陽会と両方出すのだ」と批判されたという。

「先生は自由に出したいところに出したんだと思います」

——硲夫人のアデリアさんはどこの方ですか。

「ニースの人と聞いています。ロゾラン・アデリア・エルビラというのが正確な名前です。最初は大恋愛で、結婚できなかったら死んじゃうくらい愛し合っていた」

——昭和四（一九二九）年に帰国されてからは、どこに住んでいましたか？

「行く前には雑司が谷の斎藤与里《さいとうより》さんのアトリエを譲り受けて使っていたらしいのですが、帰国後は、白山あたりに硲家が家作を十数軒持っていたので、その一つをアトリエにしていました。私が出会ってからも、タクシーで本郷あたりを通るとしきりに懐かしがっていたものです。今生きていて森さんとあの辺の話をしたら、さぞ喜んだでしょう」

硲がいたアトリエは資料によれば、駒込浅嘉町四九番地である。

——幼い林聖子さんがアデリアさんに遊んで貰ったのは昭和七、八（一九三二、一九三三）年頃でしょうか。アデリアさんは結局、フランスに帰られたんですね。

「五ヶ国語を話す、頭のいい人だったのですが、芸術家の生活には理解がなかった。日本のドイツ大使館にも勤めたり、デパートの白木屋にも勤めたりして社交的な性格だったようです。また日本での生活が合わなかったということもあるのでしょう。それで先生はまた一人になった。ただそのずっとあと、一緒になりたい方があったのですが、アデリアさんが絶対籍を抜かなかった」

——少し遡って、昭和一一（一九三六）年に二科会を退会し、一水会創立に参加されています。一方で、昭和一六（一九四一）年には西村伊作の文化学院の美術部長になっています。御茶ノ水にあったこの学校は戦争協力をしなかったため、閉鎖させられました。

硲伊之助が描いた、妻アデリアのデッサン（撮影・森まゆみ）

「石井柏亭さんがやめられた後に頼まれたのでしょう。和歌山県人同士、西村伊作さんとも友人でした。先生は絵を売ることなどちっとも考えず、いつも絵の目的とは何か、芸術とはどうあるべきかを考えていました。そして絵はやはり、色彩と構図のリズムが大事だと考えていました。昭和一九（一九四四）年に美術評論家の児島喜久雄さんの推薦で東京美術学校（現在の東京芸大）の助教授になるんですが」

――戦争で本郷のアトリエ、および生活の基盤でもあった家作もすべて焼けてしまうわけですね。

「家作には貧乏絵描きをただ同然で住まわせていたようで。収入にならないどころか家を直すとか、店子の世話とか煩わしいことが多すぎて、のちのち『大家にだけはなるもんじゃない』と言ってました。先生は滞欧時代、向こうで鈴木春信や葛飾北斎に出会って感激し、版画制作にも夢中になりました。原画、彫り師、刷り師の分業とお互いの緊張感が大事なんだと、いわゆるすべて一人でする創作版画には批判的でした。とにかく油絵は売れない。それで井伏鱒二とか林芙美子とか、小説の連載の挿絵を頼まれてよく描きました」

――そういえば林倭衛の娘、聖子さんは戦後、太宰治の紹介で、新潮社に勤めるのですが、硲伊之助画伯のところに挿絵をお返しに行ったことがあるけれど、林倭衛の娘だとは名乗れなかった、と言っておられました。

「昭和二〇（一九四五）年一月の林倭衛さんの死の床には、硲先生も付き添っていたそうですよ。亡くなる時は苦しまれたそうですね。酒で肝臓をやられたんだ、と言ってました。先生は飲まないし、女の人と遊んだこともないと思う。謹厳実直そのものです。もっとも徴兵検査を逃れるためにお醬油を飲んで絶食する方法は、林倭衛さんに教わったそうです」

——新潮社での仕事の挿絵を回数分、お返しできなくて叱られたそうです。

そこへ硲紘一さんが口を挟んだ。

「そういうところは厳しい方でしたよ。服などは銀座のテーラーでいいものをあつらえて大事に着る。シャツも気に入ったのを一〇着ずつ注文、靴も、帽子もね。僕にセーターをくれるというので喜んだら、大事にしてね、と言われました。もう五〇年も着たセーターですよ（笑）」

——戦争直後は、日本美術会委員長になられ、その頃の事務局長が永井潔さん、その縁で、娘の永井愛さんのお芝居の後、私はお二人に池袋の東京芸術劇場でお目にかかったのでした。

「そうでしたね。だいたい、林倭衛を親友と思うくらい

硲伊之助作の九谷上絵皿「新聞」、1973年制作、硲伊之助美術館

ですから、硲先生も反権力。表立って運動するタイプではないですが、新聞は毎日一面から丁寧に読んで、世の中のことには精通していました。戦後ＧＨＱの高官などがお金に任せてどんどん日本の美術品を買いあさって持ち帰る。これについては『美術品は人民管理にしなければならない』と会議の席で硲先生が発言して、永井潔さんはびっくりされたとか。ほかに仲よかったのは劇作家の久保栄さんです」

久保栄は『火山灰地』などを書いた劇作家。硲伊之助は戦後、改称された東京芸術大学の助教授をやめ、昭和二五（一九五〇）年に再渡仏した。

――地位には執着しない方なんですね。

「その当時、安井曾太郎《やすいそうたろう》、梅原龍三郎《うめはらりゅうざぶろう》の時代で、硲伊之助はルノワールなんて商業美術だ、と言ってた人ですから、梅原のルノワール礼賛などとはソリが合わないこともあったでしょう。それより生涯の師、マチスから来ないかと言われた。招待状があればヴィザが出る時代でした。向こうではマチス展、ピカソ展、ブラック展を日本で開催するため折衝するんです。三人とも親交がありました。行ったのも、本当のフランスの芸術を日本の人たちに見せたいという情熱だけ。渡航費用くらいは出たと思いますが」

――昭和二七（一九五二）年のアンデパンダン展に「九谷染付上絵羅馬サンタンジェロ城」というのを出品されています。これが古九谷に魅せられるきっかけになったのでしょうか。

そのあと聞いた公子さんの人生も、また興味深く数奇なものであった。そこは簡略にまとめておく。

「私は昭和一四（一九三九）年の生まれで、終戦は六歳でした。独立心の強い娘で、一六歳の時に家を出て、渋谷の井の頭線のガード下、大和田胡同という飲屋街でおでん屋を始め、さらに高円寺に「凡」というバーを出し、転じて新橋で「ぶれ」というバーを経営しました。先生に一六歳で出会ったのは私が外務省の美術同好会の方たちと出会い、モデルを務めた縁でした。その指導をしていた画家の大倉道昌さんが、硲伊之助の弟子だったんです。「ぶれ」（真実）という店名をつけてくださったのも、硲伊之助先生です。フランス人は「セ・ブレ？」（ほんと？）っていうでしょ」

——それは人生を決める出会いだったわけですね。

「そうです。私は若くてまだ何がやりたいかわかっていませんでしたが、お店をやるより、先生の仕事を助ける方が意義があると思いました。先生の家は世田谷の岡本の静嘉堂文庫の一角にある洋館でした。それまで、女中さんが二人いて家事をやっていたのですが、私が内弟子になったので、私が炊事や掃除もやり、先生の助手をし、自分でも絵画や版画、陶芸の勉強をすごい勢いで始めました」

——硲伊之助は一水会陶芸部というのも作られていますね。

「それは酒井田柿右衛門とか今泉今右衛門とかも誘って、彼らにも勉強してほしかったからなんです。うまくいかなかったようですが」

——加賀大聖寺に移転したのはいつ頃でしょうか。

「三八豪雪の前年、昭和三七年、一九六二年です。来た冬には雪に埋まって二階から出入りするような感じ、でも私も若いから冒険心が強くて、何にでも興味津々でした」

——それで硲伊之助に協力して大聖寺に本格的に吸坂《すいさか》窯を築かれるんですね。

「先生は決断の早い人でした。ここの土を器を焼くために取りに来たことがあるのですが、とてもいい土だった。たまたま土地が安く売りに出ていたので出来るだけ広く買おうと。また我谷ダムに沈む茅葺民家を移築することができました。最初はムカデとマムシの巣だったんですよ。窯を築くまで、それからの苦労も話せばきりがありません。

それでも東京の美術界にいるより、ここで窯の職人さんたちと働いた時間は豊かでした。先生のアトリエも別に茅葺で建てたんですが、そこで先生は昭和五二(一九七七)年に八一歳で亡くなりました。その後、残念ながらアトリエは落雷で火事になり、その保険金をもとにみなさんの応援で硲伊之助美術館を建て、現在も細々ですが開いております」

——林聖子さんの「風紋」にいらしたことはありませんか。聖子さんは公子さんより一一年上ですが、バーの経営では公子さんの方が先輩です。

「裕伊之助が装丁をしたことからお親しかった井伏鱒二先生がなんども、連れて行ってやる、と言ってくださったのですが、実現しませんでした。井伏さんは『聖子ちゃん、聖子ちゃん』と愛情を込めて呼んでいた。ここに窯を築いた頃、井伏さんはリュックサックにコニャック入れて泊まりに見えたんですよ。あの山から松茸が採れるといいね、と生活を心配してくださいました」

草野心平、筑摩書房の石井立、勅使河原宏《てしがはらひろし》など、「ぶれ」と「風紋」同時代の双方のバーの客であった人がいる。「風紋」の女主人六〇年の聖子さん、華やぎを残しつつも今は学究肌の陶芸家と言うべき公子さん、二人の女性の、共通点もある壮絶な戦後について考え込んでしまった。

9 宮嶋資夫と度重なる引っ越し

新宿「風紋」の地下は夏でもひんやりしている。今日は聖子さんは涼しそうな藤色の綿のワンピースを着て、まるで少女のようだ。かすかに蚊取り線香の匂いが漂う。

少し沈黙が訪れ、息を吸い込んだ聖子さんは「でも父の友達で何と言ってもすごいのは宮嶋資夫よ。酒乱よ。酒癖の悪い父がそういうのだから間違いないわ」とメガネの縁を人差し指でクイとあげた。

二度と来るな、ああ来るもんか

宮嶋資夫（一八八六―一九五一）は東京四谷生まれ。林倭衛より九歳年上になる。砂糖問屋や三越の小僧、歯科医の書生、職工、鉱山事務員などを転々。一四歳で大杉らのサンジカリズム研究会に参加。大正四（一九一五）年、「平民新聞」の街頭配布に参加。大正五（一九一六）年、労働文学の傑作とされる『坑夫』を書く。大杉栄に惚れていた一人である。

「今まで出会った人間の中で、これほど気持ちの好い人はなかった。その後も彼のような人に出会ったことはない」と林倭衛について『遍歴』の中で述べている。その妻の麗子《うらこ》も「平民新聞」の街頭配布を手伝った。震災でその大好きな大杉が殺され、宮嶋資夫は自暴自棄になり、京都天竜寺で得度し、蓬州と称した。

「あれは小日向水道町の頃でしたかね。小学校の一、二年くらいの頃かな。うちの母は宮嶋さんが見えると箒を逆さに立ててた。『お客様、早くお帰りにならないかな』というおまじないですね。私もあのおじさんが来るのは嫌だなあと思いました。

最初はいいのよ。でもお酒になるでしょ。父が飲み干してしまうと、『おい、酒』って声をかけるんですが、そのうち宮嶋さんの『おい、酒――っ』とどなる声が聞こえる。二人ともかなりの酒乱ですね。母は具合が悪いので、その頃はもう、お手伝いさんがお燗の番をしてたんで

林倭衛のところをたびたび訪れた、アナキストで小説家の宮嶋資夫

しょう。

そのうちガッチャンガッチャン喧嘩が始まって。宮嶋さんはいつも僧侶が着るような着物を着てらした。ずっと後のことですが、私はバス停まで送っていったことがある。父に送っていけと言われたんでしょう。うちに喧嘩しにくる人だな、と思ってにらんでいたかもしれない。バスがなかなか来なくて嫌だったわ。宮嶋さん、私の顔を面白そうにジロジロ眺めていた。

来れば必ず父と大喧嘩になって『もう絶交だ』、『二度と来るな』、『ああ、もう来るもんか』と出て行くのに、また性懲りもなく来るの。玄関がガラガラ開いたと思うと、『酒だーっ』。いつも同じ。何とも手荒な人でした」

――そんな招かれざる客が多いのによく仕事ができましたね。

「父が展覧会のためにどうしても絵を描かなければいけない。人が来るとどうしても飲んじゃうからと、そういうときは御茶ノ水の整骨の名倉医院に自分で画材道具を持って入っちゃうの。あるとき見舞いに行ったら病室の天井がばあっと青くなってるの。『お父さん、どうしたのこれ』と聞くと、『宮嶋だ』と。宮嶋が癇癪起こしてインク瓶を投げたんだ、ということでした。

病室の壁は白いのに。父の病名は一応『アルコール中毒』、横文字で書いて、病室に張ってあったそうです」

この名倉医院は千住の江戸から続く有名な整骨院の分院で、骨折や捻挫を治すのが得意である。二〇年ほど前までは神田淡路町にスクラッチタイルの古風な病院が残っていた。それが林倭衛が入院したところだろう。宮嶋資夫は林倭衛より六年も長生きした。

「小日向水道町は割合知り合いが多かったんですよね。凸版印刷もありますし、労働者も多かった。でも居酒屋なんてない住宅街ですから家で飲むんです。もう一人、浅枝次朗さんという満州帰りのおじさんは、私も母も好きでしたね。息子さんはのちに学習院の数学の先生になられたのではないですか。『今度お土産持ってくるからな』というのが帰るときのおきまりのセリフで、ちっとも持ってこないの。それで次に来た時に私が『おじさんお土産は?』と催促して母に叱られたことがあります」

浅枝は例の大正五(一九一六)年の「ポートレイト・オブ・ア・サンジカリスト」のモデルであり、自らも絵を描いたが、のち評論に転じた。「マヴォ展覧会を評す」などを書いているが、その後、満鉄関係に勤めたようだ。

「父は絵を描くことに関しては真面目なんです。朝ご飯がすむと画室に入って昼ご飯のときしか出てこないの。それで五時になるとぴたっと仕事を止めて、後はのんびりお酒を飲んでいました。あるいは一〇日くらい真面目に仕事する。そのあと一〇日は飲んでばかりいる。その頃肖像画は、もう描きたい人がいないといって描いてはいなかったですね。

家は貸家ですから、引っ越しは簡単でした。引っ越しは父の趣味ね。貸家はあちこちにあったから、散歩から帰ってくると、『あそこいいなあ。引っ越すぞ』とその日のうちに決めたりする。冷蔵庫もないし、和服の入った箪笥と茶箪笥、あとは父の絵の道具くらいですから。当時、支那鞄といって木でできた大きなトランク。そこに絵の道具を一式、それが一番大事でした。あの頃の引っ越しは風呂桶を持っていくのね、その中に新聞紙に包んだ茶碗や鍋釜を入れて、トラックを頼めばすぐ引っ越しはできました」

聖子さんは引っ越し好きの父親のせいで通った小学校を、指を下りながら、たちどころにあげてくれた。

1　小日向台町小学校（父母と同居）　一九三四年～　一年生入学時
2　千葉の市川小学校（父母と同居）　一九三五年～　二年生二学期
3　四谷第五小学校（三光町で祖父母と同居）　一九三六年～　三年生
4　杉並の和田小学校（和田本町に父と同居、のち別居）　一九三七年～　四年生

5　ふたたび四谷第五小学校（父母の別居によりまた祖父母の世話になる）　一九三八年三ヶ月ぐらい　四年生
6　千葉の鵜原《うばら》小学校　一九三八年　小学校五年生の夏、短い間
7　王子小学校（祖父母、母と同居）　一九三九年　五年〜六年
8　杉並第一小学校（母と同居）　一九四〇年　六年二、三学期

きつとめまぐるしかった自分の子ども時代を、小学校で反芻していたのだろう。ああ、あの時はあの小学校だから何年生の時のことだとか。

小学校入学の頃、母の富子が血尿に悩まされるようになり、腎臓結核と診断された。牛込河田町の軍医学校（現在の国立東京第一病院）で右腎臓を摘出、危うく一命を取り留める。

——林倭衛は昭和九（一九三四）年、尾道にも絵を描きに行っていますが、聖子さん、一緒には行かなかった？

「はい、私は尾道には行ったことがありません。お友達の画家、小林和作さんがいらっしゃったから。でも父は尾道がとても好きなようでしたよ。海が好きなんで、海の絵をたくさん描きました。私は海の絵が好きねえ」

市川時代、丸木俊さんが絵の先生

――どこの小学校の思い出が一番鮮明ですか？

「やっぱり昭和一〇（一九三五）年の秋、二年生の一学期のあと転校した市川小学校がよかったかしら。父が、東京府知事の息子で裁判官をしていらした西久保良行さんという方と仲よくて、この辺はいいところだなあ、と言って例のごとく引っ越した。その頃は母の結核がだいぶんひどくなっていて、とても洋服なんか縫える体じゃないから、父と浅草の松屋に行って服を買いました。スカートとブラウスを着て、ランドセルを背負って通いました。万葉集にも出てくる美女の『真間の手児奈《てこな》』の伝説のある、あの近くよ。千葉県、市川の菅野《すがの》というところ」

――それは戦後に、焼け出された幸田露伴や永井荷風も住んだところですね。

「そうですか。市川に転校した時は緊張したんでしょうね。ねえやがバスで二停留所先の学校まで連れて行ってくれて、昼はパンを買って食べたんだけど、夏で暑かったし、気持ち悪くなって戻したのを覚えています。母が元気なときはお弁当を作ってくれたんですが、サンドイッチもハムなんてないから、すごくしょっぱい鮭の燻製が挟んであったわ。お店も何にもなくて、買い物じたい大変だった。お酒だけは配達してくれるんですけどね、生鮮食品が手に入らない。

でも昔はいじめってなかったんじゃない？　私にはそう適応力はないんですけどね。『しじ

林倭衛「鵜原の海」1938年、油彩・キャンバス、東御市梅野記念絵画館所蔵（倉沢コレクション）

みっ貝』と言うほど引っ込み思案で無口だった。でも新しい子が入ってくると興味を持って世話焼く子がいるでしょ。ここがトイレだとか、ここが保健室で体の具合が悪くなったら行くところよ、とか教えてくれる子がいた。新し物好きってのかなあ。それで慣れた頃にはもう私に飽きてどこかへ行ってしまう。引っ越しごとにそういう子に恵まれてました。

市川は子どもが多くて二部授業だった。下駄を履いて行っていいのよ。あの辺は砂地でね。東京から近いのに少し行くと松林があって、なかなかいいところでしたよ。やたら毛虫が多くてね。男の子が手でつまむの。真似して私もつまめるようになりました。

父が勉強はしなくていいと言うから、寝転がって本を読んだり、絵を描いたりしていました。かろうじて国語が好きだったのかな。『サイタ、サイタ、サクラガサイタ』という教科書。父はあまり本も持っていなかった。美術雑誌なども溜まるんだけど、引っ越しのたびに捨てちゃうの。古本屋さんが持ってってくれたんでしょうね。小学校の二年時に母が『ロシア童話集』という、米川正夫訳ですかね、こんなに厚くて、大きな本を買ってくれました。それが面白くてね。大分長く持って歩いて繰り返し読んでいたんですが、高円寺の空襲で焼けちゃったの。

映画も無声映画を観ましたよ。市川の小学校二年の時に、場末の映画館に母と二人で行って、弁士が横でしゃべるのを見たことがあります。『あの人、すごい訛りがあったわね』なんて母が言ってた。弁士が『下から出りゃつけ上がって』を『ふたからでりゃあ』と言ってました。チャンバラぽい映画ですが目玉の松ちゃんじゃないわね。

あそこで教わった絵の先生が赤松俊子さん。後に丸木位里《まるきいり》さんと結婚なさって丸木俊《とし》になり『原爆の図』を描かれました。前の小学校ではクレヨンなのに、ここではクレパスを使って、あれ、手でこするとのびるでしょう。とても上手に教えていただいた。先生がいいと子どももうまくなる、父が私の描いた絵を集めてくれました。あの頃は私も絵描きになりたかったわ。丸木ご夫妻は画廊の方と第二「風紋」にいらしたことがあります」

——丸木俊さんには武蔵嵐山（東松山市）の丸木美術館で私も会いました。丸木位里さんの何度目かの夫人ですよね。「ひどい男だよ。でも惚れたんだから仕方がない」と言ってた。

ここにも夫の勝手に悩まされた妻がいるが、「惚れたんだから仕方ない」という結論はある意味、豪快だ。あの当時、俊さんはロシアに家庭教師として行ったり、南洋の島で腰ミノつけて踊ったり、自由奔放に生きた女性だった。

昭和一〇（一九三五）年、すでにその頃、小林多喜二も殺され、滝川事件が起こり、共産党の佐野学・鍋山貞親の転向声明が出されて、運動はすべて逼塞させられていた。

——林倭衛さんはどのへんからか、運動そのものとは距離を置いたように見えます。

「それは大杉さんが、君は運動よりももっと絵をやるべきだ、運動よりも絵を深めるべきだとおっしゃったからなんですね」

10 母はサナトリウムへ

昭和一〇（一九三五）年、林倭衛は九州博多で芸者をしていた高橋操と恋愛する。

「父のアトリエを作ってあげるとみんながお金を出し合ってくださったのに、父は家を建てることにまったく興味がなかった。『俺は朝鮮に行きたい』とか言い出して、博多まで行って船で渡ろうとした。ところが博多で飲み出したら止まらなくなって、ついに朝鮮には行かずにお金を飲み潰しちゃったの。別府の伯父（画家の別府貫一郎、富子の姉の夫）が迎えに行ってくれて、母は呆れて生まれ故郷の津山に帰っちゃった。

その時に博多で操さんと出会ったんでしょう」

高橋操は北海道の生まれ、四国は香川の子どものいない人のところに五歳くらいでもらわれ、その養父が遊び人で、芸者に出されたという。

「彼女もお酒が強いんで酒を飲む相手によかったというのもあるみたい。面長で背の高い人でしたね。母もそうでしたが。それは父の好みですね。父は背が大きくはないのに。

九州旅行の翌年、二・二六事件で例の『O氏』像が返ってきたときは市川で、まだ母富子がいたのを覚えています。ところがまた女の人のことがあって、これはまた別の、うちのお手伝いさんをしていた人ですけど。それで母が怒って、というか、うんざりしちゃって、自分から富士見の結核療養所に入っちゃったの。別居するために」

長野県富士見の結核療養所での母林富子（所蔵・林聖子）

長野県の富士見の結核療養所は堀辰雄『風立ちぬ』や『菜穂子』にも登場する。竹久夢二が昭和九（一九三四）年に亡くなったのもここ。推理小説作家、医師の正木不如丘《まさきふじょきゅう》が院長だった。

「あの頃の肺結核の療養所は、窓は開け放ってね、風がびゅうびゅう入ってくる。直接当たって寒いから蚊帳を送ってくれという手紙が来ましたね」

開放療法と言って、ペニシリンがない頃は、日光に当たり、風に吹かれ、栄養のあるものを食べるくらいしか、治療法がなかった。せめて冬でも蚊帳を吊って身を切る風を防ごうとしたのだろう。

「父と伊勢丹で買って送りました。寒い寒いというので、肩にかけるショールも伊勢丹で買って送りました。おばあちゃんと見舞いに行った時に囲碁の有名な呉清源という方もいらして、まだ若い方でえんじ色のガウンを着て、戸外で太陽の光を浴びておられました」

――その頃は、林家はお金には不自由しなかったんですか。

「市川の菅野にいた頃は父は文部省の新文展の審査員でした。あれは二年続けてはしないらしいけど。父は派閥の中にいなかったので続けていましたね。でも嫌だったって。毎日三〇〇枚も四〇〇枚も座って絵を見るでしょ。足がむくむんですって」

これは昭和一〇（一九三五）年のいわゆる文展松田改組である。文部省展覧会は、フランスの、サロン・ドートンヌを模して明治四〇（一九〇七）年に開かれたが、権威化と官僚化が進んだため、文部大臣松田源治は、在野の美術団体の代表者を入れて美術界を刷新しようとした。元アナキストで、大杉栄などとも親しかった林倭衛が新文展の審査員になるとは予想外のことであった。

「日動画廊がついているから生活には困らなかったんですけど、父のノートを見ると計算ばかりしていますよ。『ぼうず志やも』って鶏鍋屋の払いとか、飲むと気前のいい人ですから、みんなにおごっちゃうの。

銀座の日動画廊が画家たちの溜まり場になっていて、そこで絵のお金をもらって、それから飲みに繰り出した。創業者の長谷川仁さんは、今の社長とはタイプが違うでしょうね。その時のりんさんておかみさんが締り屋で、しっかりものだった。おかげで父も描いた以上のお金は前借りでいただいたんじゃないですか」

母はサナトリウムへ、そして聖子は父と新宿三光町にいた祖父母のうちに同居し、再び四谷第五小学校に通った。つまりのちのバー「風紋」の場所は、聖子が小学校時代に住んだ町のすぐ近くということになる。

「その頃、祖父は、日本金属産業とかいう丸の内の会社の顧問になってました。鳩山薫子さんの相談役みたいなことも一時はしていた。三光町は、今はゴールデン街になっていますが、その隅の電車の線路が遊歩道になっているあたりですね。あのカーブするところに、その頃は飲むところじゃなくて、小さな家がゴタゴタ並んでいました。住んでいたのはそこ。私は母よりおばあちゃんの方が甘えられたし、好きだったんですよ。

新宿の武蔵野館は洋画をやってました。戦前はおばあちゃんとも行ったかも。伊勢丹にはスケートリンクがあった。紀伊國屋もありましたねえ。奥に引っ込んでいて、宮嶋資夫さんの娘という人が、紀伊國屋に勤めていて、着物を着てて、よく会いましたよ。

その時は、習い事は体が丈夫になると言うので、小石川の伝通院まで日本舞踊を習いに行ってましたね。森さんが伝記を書いた、林きむ子さんの娘さんの林一枝さんに習ってました」

昭和一二（一九三七）年一一月、林倭衛は杉並の堀ノ内、和田本町九四五に転居、母富子も富士見の結核療養所を退院して帰ってきた。聖子は和田小学校に転校。そして再び、絵の頒布会で博多に行った倭衛は、愛人操のところにい続けて、多額の借金を作った。

金を作って倭衛を迎えに行ったのは、富子の姉の夫、画家の別府貫一郎である。しかし、駅に見送りに来た操は芸者の座敷着のまま、汽車に乗り込み、上京。故郷に相談に帰った母富子がいない間に、すっかり居ついてしまう。着の身着のままで来た操に富子の着物を着せ、上野の帝展に出かけたはいいが、別府貫一郎夫妻と遭遇し、姉はすぐ妹の着物を操が着ているのに気づき、さすがに別府も激怒した。

「堀ノ内二丁目のバス停から二軒目。角が三菱の岩崎さんの大きな屋敷でしたが、大きすぎておつきあいはなかったわ。操さんも母と同じで、まったく家事をしない人。縫い物もできない炊事もできない。掃除洗濯はもっとダメ。昼間からぐうぐう寝ているような人でした。元が芸者さんですから。だから家事は新潟から出てきたおせきさんという人がやってくれていた。

父もね、操さんに真面目に本を読めとか、旅先から俺が手紙を書いたら返事を書いて出せ、とかいろいろ言ったんですが、効果はなかったわね。父が旅先からよこしたハガキをリボンに結んだのがあったの。『お父さんから来た手紙』というので読んでもいい？　と操さんに聞いたらダメと言われておしまい。それも空襲で焼けました」

別居した富子は離婚を要求したが、倭衛は他の女性と暮らしながら、なかなか離婚に同意しなかった。正式に離婚したのがいつかは年譜にもない。

――聖子さんは富子さんと操さんの間で、小さな胸を痛めていたんじゃないですか？

「いいえ、別に。説明しづらいことですが、母は病気で、家事も子どもの世話もできないので、私は全体として父と暮らした時間が長いんです。操さんも明るい頓着しない人でしたしね。ただ、私はどうしても操さんのことはお母さんとは呼べなかった。おばさんなんていってました」

昭和一三（一九三八）年夏に林倭衛は房総半島の鵜原に越し、翌年二月、腹違いの次女葉子が生まれた。聖子は短い間、鵜原小学校の五年生にも通っている。

「あの頃、鵜原まで三時間くらいかかったかな。勝浦の一つ先。最初は鵜原館という海の見える旅館にいて、その後、木村別荘というのを借りました。父はあそこが気に入って崖の上の土地を買ってアトリエを建てようと思ったのですが、地盤が悪くてあきらめたんです。イワシがよく獲れて友だちとバケツで運ぶ手伝いをするとバケツ一杯くらいくれた。それをおばあちゃんが丸干しにしたり、イワシご飯を作ったり。お米が一度沸騰したところで、頭をとったイワシを入れると綺麗に骨が取れるの。新鮮だから魚臭くなかった。私は三月一六日生まれなので、小学校に上がった時は一番前だったけど、イワシでカルシウムが摂取できたのかな、卒業の時は一番後ろでした。

父たちは昭和一四（一九三九）年の夏には御宿の玉木別荘というところにもいましたよ。新橋の江戸時代から続く大きな佃煮屋さんの別荘だった。私も夏になると鵜原や御宿に行ってた。あそこで泳げるようになったのよね。外房で波が大きくて、波でひっくり返されるんだけど、目を開けていた。次の波でもまたひっくり返ったけど、もう怖くない。あの頃はもっと砂丘が広かったような気がする。砂浜がなくなった感じね。

鳥取と同じくらい大きな砂丘があってね。あそこにいた時にアナキストの近藤憲二さんも見えたし、浅見淵《あさみふかし》さんて、文芸評論家の方も見えました。あの方はのちに早稲田の先生になって、『風紋』のお客さんにもなってくださって。父は鵜原、御宿、勝浦、また鵜原、あの辺を転々としてました」

他にも、安成《やすなり》二郎、山本鼎、上野山清貢《うえのやまきよつぐ》なども来たという。来れば酒盛りだ。

――体の弱い妻を放って、林倭衛は別の女性と暮らし、また子どもも作ったのですね。

「いえ、父が母を捨てたのじゃなくて、母が父を見限ったのだと思うわ。私は運よく父とは男としては会っていませんから。今も父を好きですし、付き合うには実に面白い男だと思いますが、亭主だとしたら呆れる。破天荒で、何が起こるかわからない。飲むわ、喧嘩はするわ、捕まるわ、どこかへ行っちゃうわ、引っ越しはするわ。ハハハハ。でも父を見ちゃったから、ちょっとやそっとの男には興味がわかないのかもしれないの」

昭和一四（一九三九）年には祖父母が王子に一軒家を構え、富子と聖子もそこで暮らした。家の近くの音無橋の通りにある王子小学校に通った。

「ほんのひと時ですが、母との楽しい日々の思い出があります。祖父の二郎は、母に同情して、母を愛していましたから、よくしてくれたんです」

その頃は、戦争に反対することなどできなくなっていた。林倭衛は紀元二千六百年（一九四〇年）奉祝の絵画展に「初夏の夕」という風景画を描いている。

「父は中国に従軍画家に行けと言われて行ったけど、お酒飲んでごまかして、戦争画は描いていません。兵隊すらも描いていない。断れば断れるんだ、なんて言っていましたよ」

聖子は六年の二、三学期は杉並第一小学校に行って、そこで昭和一五（一九四〇）年三月に卒業した。

「母は働きたくても働けなかった。その頃、生活保護はないし。津山から仕送りしてもらったのかな。東京にも母方の伯母はいましたが、一番上の伯母は怖かったから、別府貫一郎さんと結婚した丙午《ひのえうま》生まれの伯母ばかり頼ってました。

母はかわいそうでしたね。自分も画家になりたいという思いを持って父に教えを請うたのに。体も弱く、自立するあてもなく、夢を諦めて寝てました。それでも父のことは最後まで嫌いではなかったと思います。富士見の療養の費用などは父が出していた。腎臓も片方摘出し、その頃は脊椎カリエスで、石膏ギブスの中に寝ていましたから」

昭和一六（一九四一）年、林倭衛は浦和の別所沼のほとり、稲荷台に操、葉子、聖子とともに移る。その頃、別所沼周辺には画家が多く、浦和画家とも呼ばれていた。この前年の日記には「酒というやつは、あらゆる隅々まで害を及ぼしてゆくには、驚くのほかなし」などと書かれている。それでも倭衛は酒をやめられなかった。

「そもそもは祖父母が建てた家に引っ越したんですね。引っ越してすぐぐらいに祖母周が亡くなった。可愛がってくれた祖母ですから悲しかった。母は甘えさせてくれませんからね。

高台なんだけど、駅までは遠いの。沼の対岸に須田剋太《すだこくた》さんと、熊谷出身の人のいい絵描きさんがいましたね。あ、里見明正《さとみあきまさ》さん。浦和の家に富士見の療養所から帰ってきていた母が来て、夕食を食べていくこともありました。まったくどういう家族なんだか。不思議と自然でした。

うちの父は絵をいっぱい描いては、仕事場じゃなくて、居間にそれを広げて、どれがいい？と私に聞くのでした。居間の方が光線の具合がいいからと。それまでもずっと絵を広げるのが私の役目だった。というのは年寄りに触らせると、倒したりして、描いたばかりの絵は濡れてますからめちゃくちゃになっちゃう。だから祖父母には絶対触らせません。光線で光らないように絵をそっと置くのは私の役目でした。

野尻湖を描いた八号の、紅葉の山全体の色がとてもきれいなのがあって、私は『これがいい』って。好きでした。でも画廊が描くはしから持っていくので何も残っていないのよ。画材は自分で仕入れにいき。ニュートンの絵の具やキャンバスは買い置きをしていましたが、戦争中はもうだんだん物がなくなって、神田の文房堂から材料が入ったと電報が来ると、私が浦和から取りにいっていました」

引っ越しが重なり、聖子は遅れて昭和一六（一九四一）年に浦和の私立の高等女学校へ進んだ。

「本当は母のところから女学校に通うという約束だったんですが、結局父のところから通いました。父が『富子みたいになったら困る』と心配したんです。宮崎さんて九州の人が始めた小さな学校で、家政科を主として数十人、一組くらいしか生徒はいない。その学校はいまはないの。しかも戦争中で勉強どころではなかった。三年まで講習科というところに通って、それで繰り上げ卒業です」

――聖子さんより一つ下のうちの母も「勉強どころではなかった」と言ってました。ずっと勤労動員でパラシュートを縫わされてたって。

「勉強もあまり好きじゃないからいいんだけど。周りは芋畑でしょ。それも戦時増産で植えたんですよ。二年生のときから大宮の中島飛行機に勤労動員、うちから浦和の駅まで歩いて三〇分、大宮駅から工場までまた三〇分、よくまあ毎日あんなに歩いたもんですよ」

そのうち女性医師に肺門リンパ腺炎という診断書を書いてもらい、歩かなくてバスに乗ってもいいという証明が出た。

「適性検査があって、私、数字をぱあっと足すようなのはできないの。イヤな感じと思ったら、製図班に回された。割と器用な方だったからね。画用紙を切って、烏口に墨を磨って入れて、飛行機の設計図をトレースするの。そんなこと女学生にやらせていいのかな、と思いましたが。二、三人がそれで、あとは旋盤工。体力のある人は。

モンペをはいて訓練もしたんですよ。兵隊さんが来て女学生に教えるの。敵が来た時にはこうするんだと藁人形を突き刺す訓練もしました。自転車に乗れたので、伝令という役で、こっちの先生の言うことをあっちの先生に伝えるの。兵隊さんの服のボタンつけたり、包帯巻いたりもしましたよ。お弁当を持ってね。

あとから来た操さんは家事まったくしない。お手伝いさんが徴用で取られたあとは、家事は私がやってたんです。縫い物もしましたよ。ミシンがあったし、祖父のセルの着物でモンペや水着を縫ったりしてね。シーツでスリップや下着を縫ってましたもの。

そういえば、有島生馬さんのお荷物を戦時中に浦和で預かってた。父が大変お世話になった方ですし、有島さんは画家というより、いいお家の方なのよ。長持を三〇個くらいとグランドピアノも。組み立てないで離れに立てかけておいたけど。お返ししたと思いますよ。暁子さんてお嬢さん一人で、奥様もステキな方でした。そのお嬢さんの濃いグリーンのワンピースとか、革で襟がフチ取りしてあるコートなどいただいたのを覚えています」

――浦和は食料事情はどうでしたか。

「せいぜいご飯炊いて、お味噌汁を作る、あと漬物を切って出すくらいだけどね。それしかないのよ、食料が。浦和は新鮮なお魚なんてないし。父は私を『萬店《まんだな》』という鰻屋に連れていく。一人お銚子一本なので、私と行けば二本飲める。それがめあてなのよ。天ぷらはもって帰っていいよと言って、私は母のいる高円寺に帰ったりしました。とにかく駅まで歩くと三〇分、そこからどうやって母のいる高円寺まで行ったのかな、一時間じゃいきませんね、二時間かかる。母の家は高円寺の駅からはすぐでした」

この明治一九年創業の「萬店」はまだあると聞く。

11 父の死

辻潤

聖子さんは土日ごとに、浦和から高円寺の母富子の所に通ったという。林倭衛の住所録によると杉並区高円寺五ノ七九三東雲閣。母のお客で印象が強いのが、ダダイスト辻潤だった。

「よーく知ってる。宮嶋資夫さんと両巨頭ね。あれは母が父と別れて高円寺のアパートにいた頃ね。戦時中の話ですよ。パリに行った頃は洋服に蝶ネクタイだったそうだけど、うちに来たときは着流しでしたよ。夜中でも時間かまわず来るんですよ。廊下で『いやさ、お富』とかいって騒ぐもんだから、近所の手前もあるので居留守を使えないわけ。もう母と二人で布団敷いて寝てるのにね。辻さんは『聖子ちゃん、明日学校があるからここで寝なさい』なんて押し入れに私の布団を敷いてくれて、要するに母と飲みたいわけね。母は辻さんの話し相手をしておりました」

辻潤は江戸の札差の末裔で、上野高等女学校の英語教師をしていた頃、教え子だった伊藤野枝の才能を認め、やがて恋愛関係になる。野枝との間にまこと、流二の二人の子をなすも、野枝は大杉栄に走った。その後も、何人かの女性との交渉があった。

「やっぱり普通じゃない。着てるものも汚くて。

昔、病院に行くと大きな木の箱にスリッパの代わりに冷飯草履が入っていた。赤と白の木綿をよって鼻緒にした使い捨てみたいな安物、それを履いてくるわけ。履き古すと病院へ持っていって新しそうなのと履き替えてくる。病気でもないのに。年中裸足だから、かかとがひび割れて、ホコリが詰まってニワトリの足みたいになっていた。うちの母はきれい好きなので、参ったらしい。青山義雄さんなんか『あいつが来るとシラミを落とす』といって、まず玄関で着物を脱がせて、それを庭で燃やしたと言ってましたよ。それで新しいのを着せて返す。

そういえばすごく印象に残る人がいる。私が小学六年生の頃、辻さんが来ているところにうちの父がきて、『辻がいるなら、俺は帰る』とことこ引き返しそうになった。でも父は気が変わったのか、みんなで高円寺と阿佐ヶ谷の間にある「ラッパの森」に散歩に行こうということになった（阿佐ヶ谷神社の旧社地が雑木林になっており、近くの電信隊の兵士がラッパの練習に来ていた）。それでばったり会ったのが大石七分《おおいししちぶん》という人。向こうから白いシャツに白いズボンに白い靴のおしゃれな人が来たの。戦時中に靴まで白いから驚いた。素敵な人でしたよ。ハンサムで。名前も珍しいからはっきり覚えている」

――それは、御茶ノ水に文化学院を開いた西村伊作の弟ですね。伊作は和歌山の山林地主の西村家を継ぎました。七分は生まれた大石家の名のままですが、七分という名前はスティーブからついたようです。大逆事件にまきこまれた医師の大石誠之助も含め、あの一族も当時としては徹底的なリベラリストで変わっていますよね。林倭衛とはパリで出会っているはず。

「忘れられない人です。父は野枝さんに去られた辻さんに同情はしていました。でも辻さんは野枝さんを忘れられなかった。父は辻さんが野枝さんに踏ん切りをつけられないのをもどかしがっていたけどね」

――辻は英語を教えていた上野女学校の生徒だった野枝をかくまって、そこの英語教師の職を棒にふった。そのあと辻は生涯フリーで翻訳とか、英語や尺八の教授でカツカツ食べていたようですが……。

「尺八も吹いてくれたことがある。また父や母と飯森正芳さんて数学のよくできる元海軍中佐と辻さんも新宿の大黒屋って大衆食堂で一緒に食事をしたこともあるんだけど、辻さんは何言っ

辻潤を描いた、林倭衛「或る詩人の肖像」1932年、
油彩、キャンバス、長野県立美術館所蔵

てるのかさっぱりわからなかった。その頃はまあ、当時の言葉で〝ルンペン〟と言っていいでしょう。辻さんは高円寺の路上で女の人たちが『暑いですねえ』なんて言い合っていると『夏は暑いですね。冬は寒いですね。さよなら』なんて言うの。素面《しらふ》でよ。夏なのに鼠色のセルの冬物を着たりしていたの」

辻潤は戦時中の昭和一九（一九四四）年、アパートで餓死しているところを発見された。戦争協力もせず、これはこれで見事に自分を貫いた人生といえよう。

病身とはいえ、富子は強い人だった。妻の座に執着せず、さっぱりとわかれ、その後も前夫の新しい妻とも付き合いを続けている。林の父は「体も弱いのに、あれじゃ富子がかわいそうだ」と肩を持ったという。

軍人、役人、大馬鹿野郎

林倭衛は昭和一七（一九四二）年、北京へ写生旅行、この秋、新文展の審査員となる。

翌年九月、野尻湖畔で制作、後妻操との間に長男、木平《もくべい》生まれる。この頃、北京から倭衛が、聖子と葉子に宛てた手紙にはこうある。「二人とも仲よくしているか、せい子は葉子を大切にしろ、葉子は姉ちゃんの云うことをよく聞くのだよ」（七月二九日付）

昭和一九（一九四四）年、倭衛は体調が悪化、明けて二〇（一九四五）年の一月二六日急死。終戦を待たなかった。

「飲みすぎによる急性膵臓炎でしょうね。今ならがんという診断されたかもね。近所の女医さんにかかっていて、その人のことを気に入ってました。体力がなくなってきて、お酒をやめて仕事をする。でもやがてさびしくなって、太田の額縁屋さんを浦和に呼び寄せて毎日、酒盛りを始めるの。

死ぬ直前まで意外に元気だったんですよ。『大杉栄全集』一〇巻、黒に赤い線がちょっと入ったのを中野の、高山家へ養子に行った弟のところに預けてあった。「いよいよ空襲で焼けるかもしれない、あれを取ってきてくれ」と父にいわれて浦和の駅から中野まで取りにいったことがありました。ものすごく重いのをよいしょよいしょと担いで来たのに、あれどこに行ったのかしら。自分で死期は悟っていたのでしょうね。その前の一月一〇日に祖父が亡くなったばかりでした。あの年は大変でしたよ。

父が私に今から遺言を残すから、と言うので、私はノートを持って神妙に待っていました。財産の始末や絵をどこへ入れるかを言うのかと思ったら、『この戦争は負ける』と言いました。それでそう書きました。次は『軍人、役人、大馬鹿野郎』というのでした」

聖子の送った電報を見て、恩人の有島生馬、親友の硲伊之助が死の床へ駆けつけ、同じく親友の青山義雄がデスマスクを描き、広津和郎、安倍能成《あべよししげ》、小山敬三らから悔やみの手紙が届いた。しかし戦争末期でもあり、追悼特集などが美術雑誌を飾ることはなかった。

「お通夜はふた晩やって、お友達がみんな来て、あの、もののない頃にお酒を飲んでましたね。お通夜というので特別に配給の券が出たと思います。それとも誰かが持ってきたのかな。もちろん母も来ました。そういえば、父のところには、文房堂から買った絵の具や筆がたくさんありました。遺言の一つは、『画材は馬越舛太郎《まごしますたろう》にやってくれ、あいつは絵の具が買えないから』というのでした。

とにかく役場が遠くて届けにいくのも大変。そして浦和の家から大宮に近い火葬場に運ぶのに、なかなか霊柩車が来ない。その頃、霊柩車は後ろがガバッと開くので、救急車に使われていたんですね。一月二六日で寒い頃でしたから、父がフランスから持って帰ったきれいな毛布を棺にかけた。そのまま焼いてしまったんだか、もののない頃のことで、火葬場の誰かが持って行ったんだったか、返ってきませんでした。フランスの思い出の品だったので、もったいなかったと思ってね。『戦争が終わったらいっしょにフランスへ行こうな』と父は言ってました。

その前から父の日記や写真は私が少しずつ持ち出していました。二番目の妻操さんは物に執着のない人で、これもらえますか、なんて言われると『どうぞどうぞ』と遺品でも絵でも何でもあげる人だから。

二月三月は浦和に空襲もあったし、九時には電気を消さなければならない。みんな疎開するので大騒ぎしてた。でも、父の四十九日まではいようと思って」

墓は別所沼に近い土合村の共同墓地にあり、墓碑銘は生前、倭衛が自ら書いていた。

父の七七日忌を済ませ、女学校の卒業式もすみ、いよいよ荷物をまとめて、母のいた高円寺に移った。

「でも移動証明がないと私の分のお米の配給が受けられない。それをもらうために一泊で浦和の家に戻っている間、今度は四月一四日に高円寺が空襲にあって、避難させた私の荷物の、父の日記もはじめ、何もかも焼けてしまいました。あとで見にいって、防空壕の荷物をあけたら、私の緑色のスーツなんて色もきれいで、形もそのままだったのに、よかったわと思って触ったらボロボロとくずれたの。母は耳が悪いので時限爆弾が怖くて、その時だけは氷川神社に逃げたそうです。母は私の安否を心配して、電車を乗り継いで、浦和にひょっこり現れました。

そのまま母の罹災証明で切符を手に入れ、母の故郷岡山の津山に疎開しました」

日動画廊にあった林倭衛の作品はみな空襲で焼けた。銀座の画廊が空襲でやられるといけないと、主人の長谷川仁は気に入った作家の絵だけ家の方へ疎開させたが、銀座でなく家の方が被災した。

「五〇枚くらいはあったと思います。でもすでに売った絵なので、ご損なさったのは日動画廊さんの方ですね。絵がなくなったのは残念ですが」

津山で、母子は母富子の弟の家に身を寄せた。そこで今度は水害に遭う。

「九月一七日ですね。枕崎台風というのかな、吉井川、大川の堤防が決壊、祖父の家はたちまち水に浸かりました。戦時中、松根油を取るので、松の木をみんな伐採した。それで木の保水力が弱まったのでしょうね。縁側まで濁流が流れてきて、あっという間に床上浸水しそうになった。それで、母の方の戦前のものもみんな流されてしまいました。叔父や母たちと、天井裏みたいなところに上がって生活したのを覚えています」

父は死去、母は病身、何もないところから一七歳の林聖子の戦後が始まる。

第 II 部

戦後篇

12 太宰治との出会い

二〇一六年の夏頃、林聖子さんは新宿の今までいた共同住宅が改築のため、引っ越しを準備しているところだった。それがきっかけで林倭衛関係の資料も出てくるかもしれないし、あるいは引越し騒ぎで見えなくなってしまうかもしれない。恐る恐る聞いてみた。

「そうねえ。私が持っているのはスケッチブック、父の日記一冊、住所録、色紙が何十枚か。それがダンボール箱に詰め込んだまま、どこへ行ったかこのゴタゴタでわかんないの。イヴォンヌや真珠の首飾りをつけた赤ちゃんのジョルジュの写真もどこかにあるはず。前に森さんにもお見せしましたよね。父がフランスに行った時の船の中で、誰と食事をしてどんな料理が出たかや、ワインの銘柄も書いた絵入りのノートがあったけど、それは高円寺の空襲で焼けちゃった。日記の一部は残っているんだけど、インクが滲んで読むのは大変みたいよ」

心もとない話だった。「荷物整理をお手伝いしましょうか」というと、「いいの、孫がやってくれるし、今度の住まいは前よりずっと狭いから」と断られてしまった。

――戦争がご家族にもたらしたものはなんだったのでしょう。

「戦争で死ぬとは、私は思っていませんでしたけど。亡くなったのは父の弟核三さん、読売新聞にいて、セレベスに行く途中で撃沈された。兵隊じゃなく、ジャーナリストですね。末の弟悦三《えつみ》さんは広島に兵隊で行っていて、教壇の机に座っていたとき原爆が落ちて反対側まで吹っ飛ばされた。無事帰ってきてよかったわね、といってたら、昭和二一(一九四六)年に吉祥寺の駅で倒れてそれきり。原爆症にかかっていたんですね。養子になった叔父は残っていたんですが、その人もわりと早く死にました。それでも終戦になった時はうれしかったですよ」

――お父様が亡くなり、そこで操さんという二人目のお母様との縁は終わりですか?

「いいえ、その後も多少の付き合いはありました。操さんと……仲わるくはないわね。仲よくもないですよ。戦後、操さんが銀座で『李白』という店を始めた時、母と私に手伝ってくれないかと言うので、二ヶ月くらい働いたことがありますね。母は帳場で、私はお運びで」

――店を開く後妻に頼まれて先妻とその娘が一緒に働くなんて変わった話です。

「それがね、日動画廊の一番下の弟さんが、読売に勤めてた方なんだけど、奥さん、子どもを捨てて操さんと一緒になって、死ぬまで面倒を見たの。操さんよりずっと年下なのよ。でも、家事ができなくても、ぐうぐう寝てても、一緒に暮らしやすい女性だったのかもしれませんね」

――そうすると、林倭衛を知る方はもういらっしゃらない。

「画家の友達は、もういませんね。うちの弟も父親の顔だって知らないと言ってますもの。昭和一八（一九四三）年生まれだから」

腹違いの妹葉子さんはのちバー「風紋」を一時手伝い、弟の木平さんは僧侶になった。

――初めて作家の太宰治とお会いになったのはいつですか。

「戦前です。昭和一六（一九四一）年の夏頃、高円寺の母のアパートに行った時です。母にお使いに行かされて、踏切のところで、白いシャツに灰色のズボン、下駄履きでつんのめるように歩いてくる男の人がいました。すぐ、あっ、太宰さんだとわかりました。画家を目指した母がよくスケッチで、太宰さんてこういう顔なの、と描いていましたから。私が一三歳の時だと思います。

お使いから帰ったら、さっきの男の人がアパートの部屋の前でしゃがみこんでいる。何をしているのかと思ったら、下駄の前歯が取れちゃったのを直していたんです。背の高い方でした。それから母を訪ねると、よく太宰さんが来ていらして」

――お母様とはどこで知り会ったのでしょうか。

「母はそれなりに自立しようとして、体調がいいときは新宿の、武蔵野館の前にあった『タイガー』というカフェに勤めていて、そこはどこか文学少女みたいな女の人が多いところでした。そこにお客として太宰さんが見えたのだと思います。私は入口までしか行ったことないの。

他にも室生犀星先生、萩原朔太郎先生がお見えで、母は萩原先生の詩に傾倒してました。詩集にサインしていただいて喜んでましたし、そのお礼にと、母は津山から松茸を取り寄せて、几帳面な人ですから昆布を真四角に切って、佃煮を作って、それをエビオスの瓶に入れてお送りしたりしていました。私に作品を暗唱させたりしましてね。昭和一七（一九四二）年五月に萩原先生が亡くなったときには一日、家にこもって泣いていましたね。

太宰さんはそれよりずっと若いでしょう。明治四二（一九〇九）年生まれで母と同じ、母の方が三ヶ月くらい早い。『話がすごく面白い人なの』って言ってました。母が高円寺、太宰さんは三鷹に住んでいたので、新宿から帰るとき、たまに途中下車して寄ってくださった。亀井勝一郎さんと連れ立っていらっしゃることもありましたが、太宰さんが、『ねえ、亀井さんは着物を着せて、前掛けかけて、そろばんをもたせても似合うと思わない』なんておっしゃったのを覚えています」

――太宰さんと富子さんは恋愛関係ではなかったのですか。

「ええ、まったく。母はあれほどひどい父を最後まで愛していたし。青森の津軽の地主の息子である太宰さんとはお互い、地方の旧家の育ちも似ているし、どこかはぐれもの同士、響き合ったというのか。母はさっぱりした人で、聞き上手でしたから」

――その高円寺のアパートというのはどんなところだったのでしょう。

「入り口を入ると階段を上がって、二階のすぐ左手の部屋でした。六畳ポッキリで、戸を開けると、半畳ぶんの玄関、小さな流し、それと一〇銭玉を入れないとつかないガス台がありました。私はままごとみたいな台所を自慢したくて、学校の友達をかわりばんこに呼んだりしていました。そんな台所ですし、母は料理も上手じゃないから、たいしたつまみも出せなかったと思います。太宰さんは両方の膝を抱くようにして、話に熱中すると座ったまま、腰を浮かせ、壁の方を向きながら一人で話し続けていました」

――前に「東京人」の堀江敏幸さんのインタビューで、太宰治は長い綺麗な指をしていたと聖子さんはおっしゃってますね。太宰の妻、津島美知子さんも「太宰は箸を使うことが大変上手な人であった。長い指で長い箸のさきだけ使って、ことに魚の食べ方がきれいだった」と言っておられます(『回想の太宰治』)。どんな話をなさったのですか。

「大人の話を横で聞いていただけで、あらかた忘れちゃった。文学論を、母は一方的に聞いてあげていたみたい。でも一度、太宰さんが『お母さんをあんまり責めちゃいけないよ』とおっしゃったんです。その頃、母が私を置いて家を出たことについて、私が母に何か言って、それを母が太宰さんに相談したのではないでしょうか。雨が降ると『こんな天気の日には太宰さんが来るかもしれない』って母が言っていたと、母の友達だった人から聞いたことがあります。

太宰さんは私に高円寺の前の本屋で、『母をたずねて三千里』と『フクちゃん』を買ってくれたことがありました。私はちょうどラファイエット夫人の『クレーヴの奥方』を読んでいたところで、そんな子ども向きの本を買ってくれるなんてと、ちょっと不満でした。父のいる浦和から赤羽、池袋、新宿と電車を乗り継いで母を訪ねる私を不憫に思って、可愛がってくださったのでしょう。

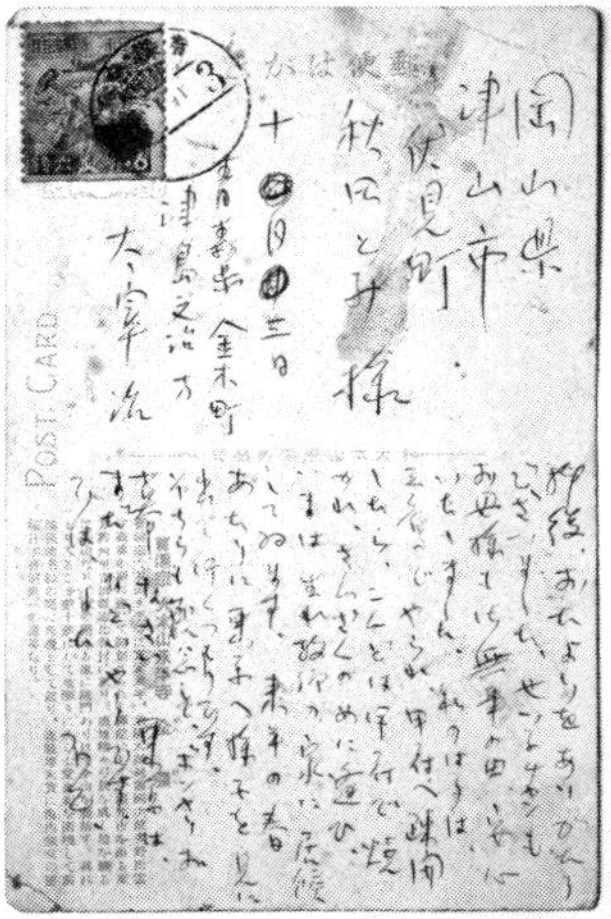

戦後、岡山の実家に疎開していた聖子の母・富子に届いた太宰治からの葉書（所蔵・林聖子）

太宰さんが人気者になったのは戦後で、戦前はまだそんなでもなかった。私が浦和の女学校の時、太宰さんの『お伽草子』を授業中にニヤニヤしながら読んでいたらしいの。それで教員室に呼ばれてだいぶ絞られました」

――お母様をモデルに太宰治は「水仙」（一九四二年、「改造」に掲載）を書いたとか。

「モデルというより、母が差し上げた手紙の一部がそのまま使われたんです。それは尊敬していた萩原朔太郎先生が亡くなって、母は悲しくて泣き通して、その涙が耳に入って中耳炎になったんです。太宰さんと亀井勝一郎さんが訪ねて来られて、竹竿で戸をとんとんと叩いても母には聞こえなかった。やっと気づいて出たら、お二人が階段を降りて帰られるところでした。『雨の音も、風の音も、私にはなんにも聞こえませぬ。サイレントの映画のやうで、おそろしいくらゐ、寂しい夕暮です』という手紙に書いた大切な心のうちを小説という形で公開されたこと、それから『静子夫人は、草田氏の手もとに引きとられ、そのとしの暮れに自殺した』という結末は小説とはいえ、母には残酷すぎました」

――それにしても太宰治は三九歳までの人生で、よくあれだけ書きましたね。そのためか、ネタ探しというか、他人の実際の日記や手紙を小説に生かしていますね。『斜陽』でも、愛人だった太田静子さんの日記が使われています。それから空襲を挟んで太宰さんとは、長くお会いにならなかったのですか。

「津山にいた時、青森に帰っていた太宰さんから母宛に、二度ほど葉書をいただきました。終戦後の一〇月に、母とまた東京に出てきたんです。汽車は復員兵であふれていて、姫路から大阪までは無蓋車に乗りました。それから熱海で途中下車して、湊さんという知り合いのうちにしばらく置いてもらいました。とっても親切な方たちで、一一月にようやく、三鷹下連雀の社員寮みたいな五軒長屋の真ん中に空き家を見つけて母と入りました。それも湊さんが紹介してくださった。

太宰さんや、のちに山崎富栄さんもいっしょに遊びにいらしたのはその部屋です。六畳と三畳のボロ家でしたが、その当時、焼け野原で貸家は払底、入れただけで幸せでした」

聖子は丸の内の三舟商会に入社。新潟佐渡の出身で、進歩党の代議士だった舟崎由之が経営する会社だった。舟崎は日本金属の社長でもあったが、いくつかの会社を息子たちとともに経営していた。

「祖父が生きてたころから懇意にしていて、ありがたいお話だったのですが、私はそこではまるで役に立たなかった。何度そろばんの玉を入れても合わなくてね。戦後の方がモノがなくてね。シーツでシミーズを縫ったり、祖父のセルの着物で水着を縫ったこともありましたよ。母は家で本を読んだり、好きな絵を描いておりました」

――でも、聖子さん、まだ一七歳ですね。

13 玉川心中

「終戦の翌年の一一月初め、私は三鷹駅前の書店で、太宰さんとばったり会ったんです。画家の有島生馬さんが『ロゴス』という雑誌に父林倭衛のことを書いてくださったというので、それを買おうと思って入ったのです。店内は混んでいましたが、レジのところにいた背の高い男の人を、あ、太宰さんだ、と気がつきました。太宰さんの方も私に気がついて『聖子ちゃん？無事だったのか。よかった、よかった』と、昔のままで全然変わっていなかった。

それから半月ほどして、太宰さんが我が家に来られて、懐からひどく真面目な顔で『中央公論』新年号を出して『これは僕のクリスマスプレゼント』と言って、雑誌をくださいました。そこに載っていた『メリイクリスマス』では私が主人公の少女のモデルで、母親が広島の空襲で亡くなった孤児ということになっています。三鷹の本屋での再会の様子が、より洗練された形で描かれていて、私はこれを読むと、ずっと昔の自分に出会うことができます」

太宰治は主人公の母のことをこう書いている。「母は、私と同じとしであった。そうして、そのひとは、私の思い出の女のひとの中で、いまだしぬけに逢っても、私が恐怖困惑せずにすむ極めて稀な、いやいや、唯一、と言ってもいいくらいのひとであった」

その理由として、第一に綺麗好きなこと、第二にその人は少しも私に惚れていないこと、第三にその人が私の身の上に敏感なこと、「いつでもその時の私の身の上にぴったり合った話をした」。第四にその人のアパートには、いつでも酒が豊富にあったこと、をあげている。

「その通りでしょうねえ。同い年ですし。戦争中なんかは母のところへ来れば配給のお酒がありましたから。料理酒を飲まないでとっておくんです。それも目当てでいらした。

そんなわけで戦後しばらくして、私は勤めていた会社を辞め、昭和二二（一九四七）年の春頃から太宰さんのお世話で新潮社の出版部で働くことになりました。私は一九歳でした」

新潮社

「三鷹から中央線に乗って新宿で降りて、角筈《つのはず》から都電に乗って牛込矢来町七一番地の新潮社まで、旺文社の前を通って通いました。今と同じところ。新潮社は気楽でしたよ（笑）。給料は五五〇〇円、当時としてはいいほうでした。年にボーナスが四回も出た。戦前の紙型《しけい》が焼けずにあって、紙さえあれば、表紙だけ替えて刷りました。みんな活字に飢えていた時代ですから、本は飛ぶように売れたんです。

古い建物でしたね。エレベーターもあったんだけど、それは戦時中の金属供出で取られちゃって動かないの。その周りを回る螺旋階段があったので、それをぐるぐる回って上り下りしてた。一階は帝国銀行に貸していたと思います」

――真ん中にエレベーターで、周りに螺旋階段。なんだかパリみたいですね。

「その頃、新潮社はまだ社員全部で三〇人くらいで、私のいた出版部は五人くらいの小さな所帯でした。社長は二代目の佐藤義夫さん、ボーナスもらうときは社長室に行って、社長さんから押しいただいた。そこに経理のおじさんがいて、受領印のハンコをつくというような感じ。野原一夫さんと野平健一さんが入られたのはその前年の夏でしょう」

野原は東大卒、野平は京大卒、その時の試験は七〇〇人受け、この二人だけ通ったという。

「野原さんと坂口安吾さんのお家にうかがったことがありますね。こんど入った女の子は酒が強いと連れていかれて、はじめてカストリ焼酎を飲みました。あれくさいのよね。坂口さんが「鼻つまんでぐいっとやってごらん」と言ったけど五杯飲んでひっくり返っちゃった。太宰さんと違ってずいぶん大人びた方でしたよ。校正はおじさん三人でやってました。受付におばさんと若い子がいました。

男の方たちは野球をするのに夢中でいらして、練習で大汗をかいてた。応援に来い来いというので、私も行ったけど、野球に興味がないので、何がなんだかわからなかった。若松町にある中学校の校庭を借りて、試合をしてましたね」

――聖子さんは新潮社でどんな仕事をされていたのですか？

「私がやってたのは編集周りの雑用ね。行数計算とか。本を読むのは好きですが、編集なんかできないんですもの。あの頃、林芙美子さんがなんといっても売れていて、父のことをご存知だった。『ああ、知ってる知ってる』と言われて。二人ともアナキストの近くにいたんだものね。怖い人じゃなかったですよ。気楽な人だった。タンギーという名前の口紅をいただいたわ」

――さぞ懐かしかったと思います。林芙美子がパリに行ったのは倭衛の一〇年後、パリでの住居や生活圏も近く、別府貫一郎はじめ、人脈がかなり重なっています。

「昭和二二（一九四七）年の一月にね。織田作之助さんが大喀血して亡くなる前に奥さんに『お前、太宰のところに行け』と言ったんだって。行ってみたら部屋が三つしかない狭い家だったので、これはダメだと帰ってきた。今度は林芙美子を頼ったら、いいわよ、と家においてくれたって。そういうところは林芙美子さん、太っ腹ですよね。

あの頃、奥付の上に印紙を貼って検印といってハンコを押すのよね。その紙を届けにうかがいました。林さんの旦那さん（画家だった手塚緑敏）が本当にプロ。左手に印肉を持って、右手でハンコをパパパパパと押すんですよ。とにかく速いの。私も手伝ったことがあります。阿部知二《あべともじ》さんのハンコは、君が押してくれと言って預かってました」

――聖子さんは太宰さんのところにも原稿をいただきに行ったんでしょう？

「どうだったかな。太宰さんは装丁については私に『聖子ちゃん、どう思う？』と意見を求めたんです。『斜陽』の装丁は最初、山下新太郎さんに頼んだ。それを富栄さんを連れて見にきた太宰さんが気に入らなくて、三岸節子《みぎしせつこ》さんにもう一枚描いていただきました。それも気に入らなくて、結局買い切りの箱の中にあった岡鹿之助さんの絵を使ったんじゃないかな。そのお礼が買い切りで五〇〇〇円で、私の一月の給料とほぼ同じでした。変なこと覚えてる」

その頃、太宰治は坂口安吾、檀一雄などと並び、戦後文学の旗手として文壇のヒーローとなっていた。

「新潮社では若い編集者の野原一夫さんや野平健一さんが太宰さんに惚れ込んで、担当して日参していました。あと筑摩書房の石井立さんもよくいらしていましたね」

――筑摩の石井立さんは井伏鱒二さんや太宰さんを介して聖子さんに結婚を申し込んだことがあると『風紋五十年』にあります。

「そうだったかしら。とにかくその頃まだ結婚する気なんかちっともなくて」

――三鷹でも太宰治に会いましたか。

「私が夕方、仕事が終わって三鷹に帰り着くと、駅の近くの屋台の鰻屋、若松屋で、太宰さんが往来の方を向いて座っていて、声をかけるんです。『おいおい聖子ちゃん、ここは関所だよ、素通りできないよ』って。店の親父が七輪でうなぎをバタバタ煽って焼いていてね。それでうなぎをご馳走になったり、お酒を飲んだり」

――野原一夫さんは太宰治が「真赤なコートを着た少女を呼びとめた。細面の、すらりとひきしまった身体つきの、若さが匂うような美少女」が「コップの酒を一気にあけた」と書いていています（『回想　太宰治』）。

「それは私がまだ新潮社に入る前ですね。野原さんに最初にお目にかかったのは。三鷹まで帰るとおなかペコペコ。太宰さんは駅前の小料理屋『千草』にいて引き戸をあけてのぞくと『聖子ちゃん、こっちだ』と呼ぶの。編集者もいっしょに宴会してた。それでうちの母が太宰さんに『聖子にそんなに飲ませないでください』と言ったことがある。でも悪いのは私なのよ。のぞくんだから」

——家庭では妻が家事育児に追われているというのに。あの頃の男の人、夜は飲み、別の女性たちと付き合っていた。夫人は大変しっかりした方で、津島美知子として『回想の太宰治』を書かれています。さびしがりで、お弁当が好きで、歯が悪くて豆腐を好んで食べ、なんでも人にしてもらうことに慣れた人、と夫をよく観察しておいでです。

「母や私たちが太宰さんとご一緒したのは、まだ山崎富栄さんと付き合うよりだいぶ前ですよ。それで太宰さんが私をうちまで送ってくださる。母が挨拶して太宰さんを送っていく、また三人でどこかのお店に入ったりして際限ないの。今考えると私飲んじゃいけない年よね。お酒飲んじゃって。支払いはすべて太宰さんがしてくださったのでしょう。編集者が原稿料を持ってきて、それで飲むんですから。原稿三枚でビール一本だなんて。あの頃ヤミですから、ビールはすごく高かった。

太宰さんの新潮の編集者は野原一夫、野平健一という似たような名前でしょ。二人とも太宰さんの担当で、もちろん私は野平さんとも知り合いです。太宰さん、可愛がってらして一度、『聖子ちゃんに野平をどうだ』と母に言ったことがあるらしい。ただあの方、お酒をちょっと飲むと真っ赤っかになる。私、お酒の弱い人は嫌よ、と断っちゃった。野平さんはそんなこと知らないかもしれない」

中央線三鷹駅前にあった屋台の鰻屋「若松屋」の前に立つ太宰治。ここで聖子に声をかけることが多かった(撮影・小滝穰、所蔵・林聖子)

――聖子さんには太宰さんはどんな大人に映りましたか。

「……明るい方ですね。お酒も強かった。ほとんど冷や酒。酔っ払った姿はあんまり見たことがないです。太宰さんは売れっ子になっても威張りもせず、三鷹の屋台で一人で飲んでいたんですね。酔って歌うのは灰田勝彦の『燦《きら》めく星座』。都心には行かなかった。銀座のバー『ルパン』で撮られた林忠彦さんの有名な写真がありますが、あれはむしろ珍しいでしょ。

若松屋のご主人はいなせな男前で、太宰さんのお気に入りでした。それと『千草』。夜は大抵どちらかでした。太宰さんの仕事場はそのすぐ前にあった野川家の二階で、その頃は山崎富栄さんが住んでいらした」

――お母様の富子さんは、太宰がいつか自死すると予感していらしたとか。

「母の直感は恐ろしいほど当たるんです。二度やる人は三度やる。母が言ってたけど、太宰さんはお酒を飲むと首のところに赤い筋が出るって」

――首の筋は、『斜陽』のモデルだった太田静子さんも聞いたそうです。太宰治は何度か自殺未遂をした。芸妓だった小山初代と谷川温泉近くでカルモチンで心中未遂、もう一度は鎌倉の海で田部シメ子というカフェの女給さんと。女性は死に、太宰は生き残った。そのほかにも都新聞の入社試験に失敗、鎌倉の山中で首吊り自殺も図っています。

「山崎さんが登場して、母は太宰さんと山崎さんの関係にも、ただならぬものを感じていたのでしょう。その話を私が編集者の野原さんや野平さんにしたら、太宰さんにも伝わって、『聖子ちゃんは僕が死ぬって言ったんだって』と、ふと足を止めて言われたことがありました。私には返す言葉がありませんでした。でも太宰さんはその時、『僕はあの子を置いて死ねない』と強く言い切られました。障害を持つご長男がいらしたから。太宰さんは盲腸の時の手術に使った鎮痛剤のパビナールをその後も常用していた。自分のせいだと責めておられました」

太宰は一九四八年六月一三日夜半、玉川上水で山崎富栄と心中。山崎は父の経営する美容学校を出て商社員と結婚、夫は召集され戦死した。戦後は腕の立つ美容師として女優や進駐軍の女性将校などの髪を整えていたが、前年三月の末、太宰に出会い、三鷹駅に近い、仕事場の至近距離に住み、太宰の世話をし秘書のようなことも務めていた。

――聖子さんは太宰さんの遺体の第一発見者なのですか。

「発見じゃなく、入水した場所を突き止めたんです。六月一四日の明け方に、三鷹に住んでいた野平さんに突然起こされました。ドンドンとうちの戸を叩いて。昨日から太宰さんと富栄さんの姿が見えない。山崎さんの部屋には写真と遺書があると。私だけすぐ着替えて飛び出しました。野平さんは、太宰さんが前に漏らした言葉から玉川上水に違いない、とピンと来たと言う。とにかく土手まで行ってみようと、そしたら道端に黄色い薬瓶や小さなハサミ、ガラスの小皿などが散らばっていた。そのお皿は山崎さんがいつもピーナツを入れて出していたのなんです。間違いない。下駄もありました。その歯の減り方で、太宰さんのだとわかりました。いつも『千草』で飲むときに、太宰さんがそこに放っておくので、私は揃えて下駄箱に入れてあげていた。そこから土手の土が、下の方までズリッと削られていました。ああ、ここから川に入ったに違いないと」

――今の静かな、浅い玉川上水では、あそこで自殺できるということが信じられません。

「あの頃は大変な水量で、人喰い川といわれ、ゴーゴーと流れも速かったんです。捜索に筏《いかだ》を組んだくらいですから。私は『なぜ、なぜ』と頭の中で自問するばかりでした。遺体が上がったのはそれから五日後の六月一九日です。若松屋さんが知らせてくださった。雨の日で、私は土手の崖下まで駆け下りて、上がった遺体に傘をさしかけて立っていました。太宰さんと山崎さん、二人一緒でした。筵《むしろ》から出ていた太宰さんの足が、時間が経っているからか、透明感がなく、漆喰みたいな白さでした」

――そこからどこまで運んだのですか。

「検死したのは『千草』の土間で、母も立ち会ってデスマスクを描いています。お互いを麻縄みたいなもので結わえていたのでしょうか。赤い紐なんて書いている人もいますが、そんなのじゃなくて、郵便局なんかで使う麻の紐です。その紐がどういうわけか、太宰さんの口のところから出ていました。あれは二人の体を結わえた紐がずれたのかもね」

「編集者の野平健一さんと『どうして』『わからないわね』と言い合ったのを覚えています。太宰さんが山崎さんに『一緒に死のう』と言ったのか。山崎さんに迫られたのか。太宰さんはサービス精神旺盛な優しい方ですからね。

でも、朝日新聞の『グッド・バイ』の連載が始まろうとするところですし。今まで津軽の実家のお兄さんに叱られるようなことばかりしてきたのに、やっと活躍する姿が見せられると太宰さんは思っておられたと思います。言い訳が立つと。太田静子さんのところには赤ちゃんが生まれるし、男の子は残しては死ねないと言っていた。あの時、死ななくてはいけない理由はないわよ。山崎さんとはそんなに長い付き合いではない。後半は追ってくる山崎さんから逃げ腰だったのではないかしら。別れようとしていたのじゃないかな」

――その辺については野原一夫『回想　太宰治』があります。富枝さんが青酸カリを隠し持っており、「俺の留守中に家に行って、子供に毒でも飲まされたら最後だからなあ」と太宰は言った、と。身から出たサビには違いないですが、相当二人とも追いつめられていたように感じられます。野原さんの筆は太宰夫人にも、太田静子さんにも、山崎富栄さんにも、もちろん太宰にも優しい。みんなそのようにしか生きられなかったのだ、と。

静子さんは『斜陽』のモデルに使われ、治子さんという娘を一人で産み育て、泣き言も言わず、奥様に申しわけないと言い、太宰の代わりに送金してくれ、最後まで太宰の世話をした富栄さんに感謝までしています。富栄さんと太宰治が出会ったのは亡くなる前の年の三月末、心中までに一年二ヶ月とちょっと。

「〝スタコラさっちゃん〟とみんなが呼んでた山崎さんは、太宰さんをとにかく独占したがった。自分以外の女性とは会わせたくない。自分が知り合う前から太宰さんを知っている人は排除したいという勢いでした。だから母も私もだんだん太宰さんと疎遠になっていった」

そこから、聖子さんはゆっくりと、でもちょっと激しい言い方になった。

「山崎さんが住んでいたあの部屋ね。写真を飾って遺書みたいなものをおいて、お線香立てて。あんな芝居がかったこと、あんなチャチなことを太宰さんなら絶対嫌がると思う。本気で死ぬならあんな恥ずかしいことはしない。衝動的な自殺というものもあるんじゃない?」

――太宰もあるときは死にたいと言い、あるときは死にたくない、死ねないと言った。死にたいと思ったときに、そっちに振れるひと押しがあったのかもしれません。野原さんは、太宰治が結核を病んでおり、喀血したりして、山崎さんの下宿では感染を恐れる家族から、お手洗いや洗面所の使い方まで厳しく注意されたとも書いています。

「前の日に、太宰さんは富栄さんといっしょにわざわざ大宮の筑摩書房の古田晁さんの家を訪ねているんですね。そしたら古田さんがいらっしゃらなかった。古田さんは太宰さんに栄養をつけさせようと、あの食糧難の中で、信州に食糧の買い出しに行ってたんです。もし古田さんがいらしたら、違ってたかもしれない」

聖子さんにとってもかけがえのない母の友人、そして可愛がり、甘えさせてくれた父のような太宰治を失った。彼を惜しむばかりに、聖子さんは心中相手の山崎富栄に対しきびしいが、野原一夫は「大切なお方と、とんだことをしでかしまして、お詫びの申しようも、ございません」と頭を下げた老人、富栄の父のことを書き留めている。富栄の家族にはまた別の悲しみがあった。

――それからお葬式ということになったわけですね。

「はい。お手伝いにうかがいましたが、奥様はじっと耐えて応対なさっていました。たくさんの方が見えましたが、お葬式はそう広いとは思えない三鷹の自宅でなさいました。豊島与志雄《とよしまよしお》さんが葬儀委員長、副委員長が井伏鱒二さん、亀井勝一郎さんが友人代表だった。八畳、六畳、三畳と三間しかない。その八畳でやったんですものね。出版三社を代表して筑摩の古田晁さんが弔辞を述べるのに、うううう……と泣かれて、言葉にならないんですもの。ああいう方もそうはいないですよね。

1949年6月19日第１回の桜桃忌が三鷹の禅林寺で行われた。前列の真ん中に座っているのが井伏鱒二。聖子は最後列の左側（所蔵・林聖子）

太宰さんが禅林寺の森鷗外のお墓のそばに葬られたのは、奥様がお決めになったことでしょう。そのあと、ご家族は駒込の方へ引っ越され、おつきあいも途絶えました。今でも耳の奥に『聖子ちゃん、僕、訛りなんかないだろ』という太宰さんの声が響いています」

しかし、太宰のデスマスクを描いた母富子がその半年後に逝くとは、聖子には予想もできないことだったに違いない。

「母の姉の連れ合いで大連で医者をしていた人が、帰ってきてうちに寄って。『脊髄の液を取らないと助からないから、その機械を持っているなるべく大きな病院に行きなさい』といったので、三鷹駅前の中村病院に連れて行くとすぐに入院でした。結核性脳膜炎ということでした。髄液を抜いてそこに高価なストレプトマイシンを注入しました。薬剤は筑摩の古田さんが持ってきてくださいました。体を曲げて背中に針を打つ。最初は我慢していたんですが、母は痛いので嫌がって、結局三ヶ月くらい入院して亡くなりました。枕の下にメモがあったので母が寝ている時にそっと見たら、『トイレの前のカゴにお金が入ってる』と書いてあった。それを見つけて、最後においしいものを食べさせました。母はまだ三九歳でした」

死の前に母富子は「太宰さんが窓の外から覗いている」とうわごとのようにいった。聖子は「もうだめだなぁ」と悲しく聞いていたという。一九四八年一一月一三日永眠。

父倭衛を含む林家の墓は浦和にあるが、富子は離婚したので、聖子は母の姉の阿佐ヶ谷の家で葬式を出し、太宰が眠る三鷹禅林寺に墓を建てた。墓石は当時一番安い六万円のにしたという。それを全部取り仕切った聖子はまだ二〇歳である。

14 出英利のこと

二〇一六年から翌年にかけて、また、林聖子さんにしばらく連絡が取れない時期があった。電話が繋がらない。新宿三丁目の「風紋」に行っても閉まっている。途方にくれた。ようやく会えた聖子さんは案外、元気そうだった。

「家の引っ越しが大変で。前にいたところとも割に近いところなんですが、みんな引っ越し屋さんに頼んだら、段ボールに荷物をどんどこ詰められて、父（林倭衛）の資料がどこにあるか、わけがわからないの。

その最中に『風紋』のあるビルが水没したんですよ。地下一階の店舗の床が水浸しになりました。古いビルですからねえ。大家さんが地下に水道管を引いたら破裂して、水が出た。店に置いてあった本や絵はみんな、店にいた人がビルの五階まで上げてくれたので、濡れなかったのだけど。店の天井近くまで水が来たんですって。実は、私は見てないの。その頃、入院してたんです」

――それはそれは。引っ越しに水害に入院。この一年、大変だったんですねえ。

「左の腸に何かあって、立って歩いただけでポタポタ出血したのよ。ちっとも痛くないんですけどね。それで内視鏡でガリガリ調べまくられたの。でも私、割合、元気なのよね。母が結核だったので、私にうつらないように気をつけてくれたおかげで、今まで大病も、大怪我もしてないし。交通事故にも遭わないし。ここの階段だけは気をつけてますよ。何しろ、竹内好《よしみ》さんも、店の階段から落っこったんですもの」

――では今日は、太宰治さんの亡くなったあたりから、お聞かせくださいますか。

そう言うと、聖子さんは頭の中で七〇年を遡っているようだった。

「あ、そういえば、あの一年後に、田中英光《たなかひでみつ》という作家が太宰さんのお墓の前で睡眠薬をつまみに焼酎を飲んで、手首を切って死んじゃった。そういう事件がありましたね。あの時、途中の道に太宰さんのファンというのか、全集の編集にも関わって、人の家の物置に住んでいた戸石泰一さんという方がいてね。田中さんとも友達だった。田中さんは戸石さんと私の家にも寄ったらしいの。そのうち田中さんが暴れだしたので、戸石さんが『一番近いから聖子ちゃんのところに連絡しろ』と言ったら、田中さんはまだ意識があって、『林聖子はいないよ』と言ったんだって。そしてうちとは線路を挟んで反対側の病院にリヤカーで運び込んだら、医者が『うちでは胃洗浄はできない』と言ったらしいの。それでまた別の大きな病院に運んで、それが一一月三日の文化の日の祭日で、インターンの先生しかいなくて、舌を巻き込んだまま死んじゃったと聞きました。私はその時、いなかったんです」

田中英光は大正二（一九一三）年生まれ、昭和七（一九三二）年のロサンゼルス・オリンピックに、競漕の選手として出場した。太宰を師と仰ぎ、その推薦で「オリンポスの果実」が「文學界」に掲載された。太宰の死後、ショックで睡眠不足であったという。昭和二四（一九四九）年一一月三日自死。

——聖子さん、新潮社にはどのくらい勤めたのですか。

「一年ちょっといました。労働組合に関わっちゃって、それで辞めました。読売新聞からオルグの人が入って煽られたのね。夕方からバラバラと、こっそりあるところに集まって。訳もわからなかったんですが面白かった。結構熱心に集会に行ってました。辞めたのは太宰さんが亡くなった後ですが、紹介してくださったのに申し訳ないことをしました。

それで昭和二三（一九四八）年の八月かな、筑摩書房社長の古田晁さんが心配してくださって、社長秘書ということで筑摩に移ったら、給料が五〇〇〇円に減っちゃった。

筑摩は私がいた頃は倒産寸前で、ひと月の給料が、一五〇〇円、一五〇〇円、二〇〇〇円といった感じで、三回に分けて支払われたんです。古田さんや臼井吉見さんたちは棚上げで、給料をもらわないで仕事をなさってました」

――臼井さんは古田さんと旧制松本中学（現在の松本深志高校）の同級生で、一九四〇年に筑摩書房を起こすときに、顧問になっています。

「会社は本郷台町、郵便局の手前の横丁を入ったあたり。母のいなくなった三鷹の家から御茶ノ水に出て、バスに乗って行きました。遠かったけど、若いから気にもしませんでしたね。タイムレコーダーもないし。

朝行くと、応接室はないんだけど、入るとカウンターがあってベニヤで囲いがあって、社長の古田さんの机があって、その脇に私の机があった。応接セットには煙草の吸い殻。唐木順三さんや中村光夫さんと、あの本はどうだとか、あれを出そうとか、夜中まで盛り上がってたのじゃないかしら。とにかくヤニとお酒のにおいで。二階には三畳と八畳の畳の部屋で、編集者が数人、仕事をなさっていました。だけど五〇〇〇円ではとうてい暮らすのに足りないの。古いスカートにゴム入れたり、それをワンピースに直したり、工夫して自分で手で縫っていました」

――その頃の筑摩の同僚だった峪二葉《さこふたば》さんが、ストーブのそばで一緒にセーターを編んだこと、アテネ・フランセと阿佐ヶ谷ダンススタヂオに一緒に通ったことを書いておられます（「幾霜の一筆」『風紋25年』）。

「あの頃、社交ダンスがやたら流行ったのよね。それと父の過ごしたフランスに行ってみたいと思ったから。筑摩の社員は三〇人はいなかったですね。私、事務とかできないし、雑誌『展望』を発送していたので、のりを煮て、帯封をして、宛名書きをしたりしてました。女性社員は他に、営業に一人いましたね。編集は臼井吉見さん、松田寿さん、石井立さん、井上達三さんと男の人が四人に女の人が一人、平田俊子さんかな。みんな、私より先に入った人です。新潮社と違って、あの頃は臼井吉見さんや唐木順三さんの本など、地味な本ばかり出してました。

お茶の淹れ方も知らずに社長秘書になって本当に申し訳なかったわ。古田さんは大きい人だった。背も高いし。人間もね。何しろ、社のことは臼井吉見さんと竹之内静雄さんに任せて、会社に来ても社長室にいないで二階に上がって、ひと言言って、すぐどこかに行っちゃうのよ。私がしたのは、古田さんのツケを払いに行くことくらい。神田と本郷の店がお好きでしたね。『払って余ったら食べてこい』と言われて、銀座のよし田のコロッケそばなんかいただきましたね。お金はないのに、気前はいいのよ。私を雇えるような状況でないのに悪いなあと思って、昭和二五（一九五〇）年の四月に辞めちゃったの。それでバーというところへ初めて勤めました」

古田晁という魅力的な出版人については『回想の古田晁』『古田晁記念館資料集』に詳らかである。どれだけ多くの作家、学者が古田に金を用立ててもらったか、古田がどれほど親身に彼らの世話をやいたか、余すところがない。

銀座の「コットン」

――それが銀座五丁目にあった「コットン」というお店ですね。その頃はどこから通っていたんですか。

「三鷹です。その頃は出英利《いでひでとし》さんと暮らしてました。もう誰かが書いているので隠してもしょうがないですね。彼は『世代』という雑誌に関わり、文学をしたかった人なんです。だから、一銭も稼いでこなかった」

――どこで知り合われたのですか。

「いつ頃かな。太宰さんの亡くなった頃ですね。昭和二三（一九四八）年。玉川上水で入水した太宰さんを探していたとき、新潮社の野原一夫さんに紹介された。出さんも探しに来てくれてたのね」

――初恋は出さん？

「そうですね。歳は向こうが二つ上かな。昭和元（一九二六）年生まれ。太宰さんに憧れていた。いつも原稿用紙を机にはのせていたけど、私が勤めを終えて帰って見ても何も書いてない。まとまったものは何も書いていないんじゃないですか。府立五中（現在の都立小石川高校）時代に詩みたいなものは書いたらしいけど。書いたものは、ほとんど残ってないの。『世代』という雑誌にかかわっていました」

――出英利さんは高名な哲学者、東京大学教授の出隆《いでたかし》の息子さんですね。出隆は岩波文庫のアリストテレス『形而上学』なども訳しています。

「出隆さんと、もともと父が知り合いだったの。父は若い頃、兜屋画堂での最初の個展の案内状を出さんに送っていた。あとで出先生はその案内状を、わざわざ私に送ってくださった」

これについて、『出隆自伝』（一九六一年）には、大正九（一九二〇）年から一〇年にかけて高級下宿、本郷菊富士ホテルに滞在し、あちこちの大学で倫理学の講師をしていたが、そこに貧乏画家の伊藤弥太《いとうやた》が転がり込んできて、そのつてで林倭衛とも知り合った、と書かれている。出が「あの雨にぬれた無花果《いちじく》の葉の光りが、あの通りにうまくだせますか」と聞くと「そりゃ、わけないです」と林倭衛は答えたという。

「両親を亡くした私をとても可愛がってくださった。それに、うちの母も出さんもたまたま岡山の津山出身でしょ。母の家は商家ですが、出家はかなり身分の高い士族でね。お城の近くの高台に家があった。母の実家は帯揚げや半襟とかを売っていて、出さんのお母様も買いに来てくださってたみたい。それに、出家の隣に母方の秋田のおじいちゃんが隠居所を建てて、おじいちゃんと出家のおばあ様がお茶やお花や絵を描く趣味のお友達だった。そんな風にご縁があったんです」

――岡山の山の中にある津山は行ったことがありますが、あそこは津田真道《つだまみち》、それに西洋史の箕作元八《みつくりげんぱち》や東大の総長になった菊池大麓《きくちだいろく》など、明治時代に日の当たった人が多く出ていますね。英利さんが府立五中に通ったというと、出家は小石川のあたりですか。

「当時は小日向台町です。小学校は、私も通ってた小日向台町小学校のはずです。英利という名前は、お父さんの隆さんがイギリス（英吉利）にいたときに生まれたから。のちに出家は阿佐ヶ谷に越しました。五差路の近く。英利さんの長兄は哲史さん、野原一夫さんと浦和高校と東大で親友なの。『勉強したいのに、出征して兵隊で死ぬのは嫌だ』と大泣きされたと、野原さんに聞きました。きょうだいは女の方が多いんですね。四人くらいいて、一番下に弟の基人《もとひと》さんがいます」

出英利の一一歳下の弟、出基人さんにお会いして、出家のことを補足してもらった。

「出家は津山松平家の家老だったと思います。あそこは山の中ですが、岡山の雄藩池田家のお目付に親藩の松平家を置きました。父出隆は渡辺という家に生まれ、出家に養子に入ったわけです。父はアリストテレスやソクラテスの研究者でした。その頃、英訳すらろくになかったのですが、父はギリシャ語から翻訳しました。イギリスやドイツでも勉強して英語、ドイツ語もできましたが、ラテン語やギリシア語もできたと思います。東京女子大や法政大で教えたあと東大の教授になったんです。『哲学以前』という本は当時ベストセラーでした。

戦後、左翼の方に行ったのは、嘱目した弟子が次々戦争で亡くなったからでしょう。前途有望な若者を殺す戦争はもう嫌だ、というのが心の底にありました。長兄哲史も生き延びて学問をしていれば、かなりのところまで行ったと思います。本当はもう一人、間に夭折した次男がいるので、英利は三男です。そう勉強ができる方ではなかったと、五中で一緒だった中村稔さんが書いておられます。そうかもしれません。早稲田の仏文科に入って、兵隊から帰って卒業しています。

両親は関東大震災の頃は大森にいて、一番上の民子と二番目の哲史を抱えて逃げたそうです。長女の民子は女高師に進みましたが疫痢で亡くなり、長男の哲史は東京大学の東洋哲学を出て学者を志しましたが、兵隊に取られて、中国戦線で亡くなりました。満州の延吉《えんきつ》というところで、終戦を知らないで戦って戦病死です。出家は一一人も子どもがいましたが、小さくしてなくなった女児もいて、成人したのは、男子が三人、女子が四人です。存命なのは、僕とすぐ上の姉和子の二人だけになりました。姉は北海道大学のロシア語の教授でした。英利は昭和元（一九二六）年生まれなので、ギリギリで徴兵検査を受け、外地は行かないままに内地で終戦。僕はその頃、母たちと津山に疎開していました。出征した兄が帰ってきたのをうっすら覚えています。小日向町の家は鳩山邸を見下ろすような位置にある大きな洋館でしたが、戦時中の強制疎開で壊されて、阿佐ヶ谷に引っ越したのだと思います」

話は聖子さんに戻る――。

「太宰さんが亡くなったのが昭和二三（一九四八）年六月で、出さんが亡くなったのが昭和二七（一九五二）年の一月ですから、三年くらい一緒にいたのかな。それははっきり覚えている。二四年、二五年、二六年……だから最初の方は、筑摩に勤めていた時代ね」

――出さんはどんな方でしたか。

「もう七〇年近く前のことですからねえ。素敵な人でしたよ。そうですよ。『そんなに俺を見るな。ルイ・ジューヴェに似てるだろう』なんてよく言ってた。顔もそのフランスの俳優に似てましたね。出ちゃんと呼んでいましたが、二つ違いなだけなのに私にとってはなんか、ずっと年上の大人。お父さんと呼んでたみたい」

――ルイ・ジューヴェは劇団俳優ですが、映画「女だけの都」「舞踏会の手帖」「北ホテル」などに出演。日本でも人気がありました。二人で暮らして、聖子さん一人が銀座で稼いでいたんですか。

「出ちゃんだけでなく、村井志摩子さんという演劇をする女性が転がり込んできたんです」

――今年（二〇一八）の五月に亡くなられました。『広島の女』という芝居でも著名な劇作家・演出家ですね。チェコのカレル大学で博士号を取られ、広島の原爆ドームを世界遺産にするのにも尽力なさいました。

「あの方は広島の人で、東京女子大学を出て、臼井吉見さんのお弟子さんなんです。教員の免許も持ってたんじゃないかな。歳は私と同じ。初めて会ったのは、新宿のオリンピックというパン屋さんの前で、出さんと村井さんが立ち話をしたとき。村井さんはそこでアルバイトしていたらしいのね。その後、村井さんが誰かに聞いて、私が働いている店に来た。

そのときは『コットン』から移って、銀座八丁目の金春湯の近くにあった『カルドー』という店じゃないかな。私の名前を呼ぶ女性がいたので、『私が林聖子です』と言ったの（笑）。あ、いつか新宿で出ちゃんと立ち話してた人だなと思いました。働く場所を探していたみたいで、それで私が保証人になって、『カルドー』を紹介したの。一、二日しか勤めなかったんですけどね。

志摩子さんは当時、荻窪にいるお姉さんの家の離れに住んでた。押入れをベッドにして、演劇関係者がたくさん、靴を履いたまま家に出入りしてたそうです。お姉さんが怒って、騒がしいから出て行けと言われた。それで、私と出ちゃんと一緒に三人で暮らしたの。面白いわね」

――実験的といいますか、今でいえばシェアハウス。でも出さんと村井さんは友だちで、聖子さんと出さんは恋人なんでしょう？

「夫婦って感じでもない、恋人でもない、三人で仲よく暮らしてましたよ。三畳と六畳の二間しかないからね。六畳の部屋に三人で並んで寝てました。今思い出しても気楽で楽しかったですよ」

――志摩子さんは稼いではこなかったんですか。

ルイ・ジューヴェのようといわれた出英利さん23歳、渋谷の「マノン」にて（所蔵・出基人）

「いやいやいや。あの人は舞台芸術学院の一期生ですが、その授業料も私がバーの仕事で出したと思います。確かに大変だった。何にもしないから（笑）。私が掃除するときは、窓枠の上にぴょんと乗って、掃除がすむのを待ってたくらい。
うちにはお椀と茶碗とお箸とお皿がめいめい一つずつ、それしかなかった。あとは蝿帳《はいちょう》と、お釜とお鍋とフライパン一つ。だから、それですむようなものしか食べないのよ。志摩子さんはまったくお料理はできないの。その頃、吉祥寺の前進座にも行ってた。出さんは何もしないようでよく気がつく人でね。新聞紙を丸めて七輪の火をおこしてお魚焼いたりしていた。お買い物もしてくれたし」

――それじゃ、聖子さんのバーの収入で三人暮らしてたわけですか。

「ええ、出さんは、阿佐ヶ谷の実家に帰ると、お母様から三〇〇円とかお金をもらって帰って来る。お母様が作ったお料理ももらって来た。生活がいよいよ行き詰まると、三人でお家に行くの。そうすると茶碗蒸しを作ってくださって、それがまたおいしかったのよね。

お正月はご馳走を期待して、私は何も作らなかった。そうすると彼がとことこ家に行って、お重に何かもらってくる。私と志摩子さんは喜んでそれを食べる、といった風でした」

――なんだか、おままごとみたいですが。それでも聖子さん、銀座まで通ってたわけでしょう。

「三鷹からちょうど一時間かな。朝昼の兼用みたいなのを家で食べて、夕方までに行けばいい。最初勤めた『コットン』は五丁目の電通の近くで、電通の方たちもお客様で来てたと思いますね。その頃は戦後で物がなかったから、女の子たちも普通の服でしたよ。着物なんかないし、靴もストッキングもそんなに持ってなかった。馬蹄形のカウンターの中に入って、お客様とお話しする。スタンドバーで立ち仕事なのがきつかったけれど。

いくらか払えば、仕事の前に裏で食事をさせてくれる。助かったわ。ご飯のときは、おばさんが大きなやかんで作った麦茶をくれるの。それがおいしいので、うちでも作ることにしたの。七輪にやかんかけてね。三鷹にはまだガスが来てなかったんですよ」

――そのあと「カルドー」という八丁目のお店に。

「『コットン』は一年くらいいたかな。それから、マネージャーに呼ばれて、姉妹店の『カルドー』に行かされたの。入ったばかりの若い人とね。そこには年配のしっかりしたお姉さんがいて、出席簿をつけていて、遅刻すると給料から引かれちゃう。

それでも筑摩の一〇倍とはいかないけど、倍以上は稼ぎましたよ。

『カルドー』の日給は保証が四〇〇円で、指名制だった。指名料は一〇〇〇円つくの。四分六で私が六もらうのかな、それで、残りの四分を私を含めて働いている五人で分けました。前の店のマネージャーが客をつけてくれたから、指名は多かったわね。

『カルドー』はカウンターじゃなくて、ボックス席に座ってお話ししました。立ってるより足は楽だったけどね。何を話していいかわからないから、ひたすらお酒ばかり飲んでいましたよ。ウィスキーは苦手で、せいぜいジンフィズくらいね。お店は、食べ物よりお酒で儲けるでしょ。売上に協力ですよ（笑）」

その時に、聖子さんを応援しようと、筑摩の古田晁が来て、一人でビールを二ダース二四本飲んだと、野原一夫は書いている（「三人の恩人」『風紋25年』）。

――その頃って、まだ占領期でしょう。和光が米兵専用のPXだった頃の銀座ですね。

「お店に米兵は来なかった。財界人も来なかったわね。銀座の旦那衆が多かったかな。維新號《いしんごう》のマネージャーさんとか。いつもあったかいお饅頭を持って来てくれるので、その人が来るとみんな喜んで。トリスバーなんてできたのはもっと後ですよ。店の経営者は宮澤さんかな、宮島さんかな、もともと銀座の土地持ちで、ゆとりがあったから経営者としてはいい人でした」

――銀座で遊んだりはしなかったんですか。

「資生堂パーラーにも入ったことないですね。お店は一二時すぎまで。終電ギリギリで帰るんですから。一二時四〇分とかいう電車があったわ。東京駅か、神田で中央線に乗り換えて」

――出さんのご両親は、息子に就職しろとは言われなかったのかしら。

「まだ二〇代の前半ですからねえ。確か、出ちゃんが中央公論社を受けて内定して、入社するという前にあんなことになっちゃった。入社したら籍を入れようという話だったのに」

出英利と聖子の暮らしについても友人たちの一緒に飲んだり、家に泊めてもらったり、いくつもの証言はあるのだが、一つだけあげておこう。太宰治を招く会に場所を提供した清水一男は出を「心から敬愛し兄事」していたが、鵜原海岸に二人が行くのに同行し、岩場に黒い水着ですっくと立つ聖子の像を覚えているという。聖子は手の届かない感じの魅力的な女性だったが、あれほど心の広い女性には接したことがない、と清水はいう（「林聖子さんのこと」『風紋25』）。

昭和二七（一九五二）年一月八日未明、出英利は西荻窪の踏切で汽車にはねられ、死亡。

「三軒目のお店の『やま』に勤めていた頃だわ。お正月だからお店はお休みで、西荻に『街』という飲み屋があって、出さんが毎日みたいに行ってたので、七日の夜、志摩子さんに『街に飲みに行かない、たぶん出さんもいるから』と言ったの。実は、その前にお餅を焼いていたら象牙のお箸がぽきっと折れて、なんか正月早々、縁起悪いなと思った。駅まで来たら志摩子さんが、『私、寒いから行かない。家に帰る』と言うので、また二人で家に帰って来た。

次の日の朝かな、筑摩書房の今井淨くんという後輩が、『出さんが怪我をした』と言いに来たの。現場に残されていた出さんの新しい手帳に、上落合の彼の住所しか書いてなかった。それで連絡が来て私に知らせに来たみたい。

三鷹から志摩子さんと電車に乗って進行方向の右側の窓を見てたら、制服を着たお巡りさんが何人か見えたんですよ。物々しい感じで。『え、怪我じゃないのかな』と思った」

聖子さんは、その思いを、驚いたようにでなく、訝しそうに低い声で言った。

「西荻窪駅で降りて、線路伝いに歩いて私も崖を登ったんですが。線路には雪が積っていました。そこに靴があって、雨に打たれたように白っぽくなってた。靴に靴下が突っ込んであったの、私がお正月にあげたベージュ色の。それで間違いないと思った。遺体にはコモがかぶせてあった。人がたくさんいるし、怖くて顔を見なかった。見る勇気がない。見てたら……残っちゃいますよね。最終電車を逃し、酔っ払って線路づたいに歩いていたところを貨物列車にはねられたらしいのです。私はまだ二三、四。ただ呆然としているだけでした。

帰りがけに志摩子さんと荻窪の『琲珈里』という喫茶店に入ってコーヒーを頼んだら、ラジオで、哲学者の出隆の次男の英利さんが事故で亡くなったというニュースが流れていて、出さんの家に行かなければと思って、そのまま阿佐ヶ谷のお家に行きました。八日の昼近かったのかな。まだ誰も来ていなかった。

遺体が帰って来て、その晩、お通夜になって、棺を開けたら全身包帯で包まれていて、額のところだけちょっと出ていました。よほど全身、どうにかなってたんじゃないかと思う。そのまま、出家にお世話になりました。志摩子さんも一緒に。私、両親もいないし、志摩子さんがそばにいてくれて本当に助かりました。出家では、隆先生の仕事場を私たちに使わせてくださいました。長男を戦争で亡くしたのに、また次男が列車事故で亡くなるとは、さぞおつらかったと思いますのに。

あの西荻窪の踏切は、前年（三月一三日）に原民喜が自殺した場所だったので、同じく自殺ではないかなど、いろいろ言われましたね。それは嫌でしたね。新聞記事にも出ました。東京新聞を裏から開けると社会面のトップに。一月は、祖父が亡くなり、父が亡くなり、出さんが亡くなった月なんです。本当に誰かが死ぬの」

――その後、ずっと出家にいらしたのですか。

「三月一六日の私の誕生日まで出家にいました。優しくしてもらって、立ち直るためには本当にありがたかった。最後の晩も出ちゃんといっしょにいた、矢牧一宏さんや村井志摩子さんが、『誕生日のお祝いにどこか行こう』と誘いに来てくれたの。それで、出家を出るふんぎりがつきました」

こうして、林聖子はまた、たった一人に戻った。

15
「世代」と出英利のあの頃

詩人で法律家の中村稔さんからお話をうかがえることになった。林聖子の最初の恋人、出英利の府立五中の友人である。丸の内の大きな法律事務所にお訪ねした。中村さんはここの創立者だが、今は週に一回だけ事務所に出ておられるという。どこに挟んでいいやらわからないが、出英利関連ということでここに入れておこう。

「みんな死んじゃいましたからね。僕はお酒をいただかないものですから、『風紋』の常連とは言えません。お聞き及びの通り、もとちゃん（出基人さん）のお兄さんの、出英利と親友だったものですから。彼が死んだ後しばらくは、聖子さんとも何遍か会っていました。それからずっと途切れて、また小石川高校の後輩の粕谷一希が誘ってくれて、店に行くようになった。その頃、出英利の土竜忌《もぐら》、相澤諒の陽炎忌など、早く死んだ古い仲間を悼む会を『風紋』でやっていましたから。今、聖子さんがどこに住んでいるかは知りません。彼女が何も連絡くれないから」

――中村さんは昭和二(一九二七)年一月の早生まれでいらっしゃいます。大宮で育ち、昭和一四(一九三九)年に五中に入学されました。出英利というのはどんな方だったのでしょう。

「出というのはね、中学に入った時は鉄棒の懸垂も上がらない、ただぶら下がっているだけという軟弱なやつだった。山岸外史《やまぎしがいし》と太宰治さんが出のお父さん、出隆先生を一緒に訪ねたんじゃなかったかな。その頃から少年の彼は太宰さんのことを知って憧れていて、詩を書いて発表したと思います。戦後、太宰さんに弟子入りするようになってからは非常に大人びて、風格が立派になって、それこそルイ・ジューヴェを思わせるような。その頃、もう聖子さんと一緒にいたんだと思います」

――五中時代、出さんは勉強はできなかったと。

「できなかったんじゃなくて、しなかったんですよ。お兄さんの哲史さんが戦死なすったけど、あの方はよく勉強されました。出先生の周りには勉強のできる学生がたくさんいましたからね。出先生を尊敬していた今道友信《いまみちとものぶ》とか。出が言うには父は哲学者でなく哲学史家だと。それは出先生がご自身でおっしゃってたことでしょうね。日本で哲学者というのは、西田幾多郎、田辺元、三木清と二、三人しかいない、あとは哲学を勉強した人だということです。

出先生は確かに史家かもしれないけれど、何ヶ国語もおできになり、文学的な能力は大変に高かった。『英国の曲線』とか『空点房雑記』とかすばらしい随筆があります。

随筆はすごくいいものです。いわば、同じ岡山県出身の内田百閒と同じような苦味のあるユーモアがあって、それに出先生の特有の学識が加わっている。あれが講談社文芸文庫などで再刊されないのはもったいないと思いますね。

出は隆先生のそういった才能を受け継いでいた。五中には『開拓』という校内誌があって、僕も書きましたが、出のそこに書いたものを読むとそう思いますよ」

――昭和一九（一九四四）年に出さんは五中から早稲田に、中村さんは一高へ進まれるのですね。

「出は第二早高《そうこう》といっていた第二早稲田高等学院に入った。僕は一高で駒場の寮にいましたが、その頃から詩を書き始め、一方、しょっちゅう出たちのところに遊びに行っていました。昭和一九（一九四四）年、まさに終戦の前年に、出や高原紀一、佐野英二郎は西荻窪に集まって土竜座という芝居をやってました。いつ戦争で死ぬかもしれない。だからこそ自己表現の場を作ろうとしていたんではないでしょうか」

――戦争末期、一高で授業はありましたか。勤労動員とかはなかったのですか。

「五中の時も勤労動員がありましたが、僕はほとんど行かなかった。一高では私たちの一年上は日立製作所に行ったんです。私たちは世田谷の池尻にあった三菱電機の工場に行った。ただ勤労動員中でも勉強はしよう、させようという姿勢を先生たちはお持ちだったんですね。朝の八時から一時間だけ授業がありました」

――心に残る先生や授業はありますか。当時の校長は安倍能成ですね。

「偉い先生ばかりですが、僕はほとんど授業に出なかった。西洋史は一年の時は亀井高孝《かめいたかよし》先生で、二年は林健太郎先生。『亀井先生はどこまでおやりになりましたか』とお聞きになるので、『ギリシア時代で始まってそこで終わりです』と申し上げると、『あ、そう、それじゃあ僕はフランス革命をやりましょう』とおっしゃって、卒業までフランス革命が終わらなかった（笑）。つまり、通史を教えるというよりは、いかに歴史というものを学ぶかということを教える。東洋史は榎一雄先生、ドイツ語は竹山道雄先生、日本文学は平家物語が守随憲治《しゅずいけんじ》先生、万葉集は岩波（日本古典文学大系）の校注をお書きになっていた五味智英《ごみともひで》先生に教わったんです。あんな宝の山の中にいて、どうして勉強しなかったのだろうと後悔の念に堪えません」

――少年の頃は「徴兵されれば死は必至」という不安があり続け、しかし入営の前にギリギリ終戦となった学年ですね。

「もう外地に行く船も飛行機もなかった。

出の第二早高の同級生、僕にとっても大事な友人だった佐野英二郎は海軍予備生徒に志願して、佐世保近くの川棚で人間魚雷『震洋』に乗り組む訓練を受けていた。川棚突撃隊に配置されたが出撃命令は下りなかった。一高の同級生には九十九里浜に行かされて、あそこに米軍が上陸して上がってくるだろうから、穴を掘ってそこに手榴弾を持って隠れ、そして戦車が上を通ったら一緒に爆発させろと、そういう訓練を受けていた人もいました」

——学生の召集猶予がなくなり、学徒出陣したのは昭和一八（一九四三）年。一〇月の雨の中、神宮外苑で壮行会が行われています。

「一高を受けるとき、理科は召集猶予があるというので、志望や適性に反して理科に行った人もいました。理乙にいた友人は、ペニシリンの噂を聞いて、碧素と名付けてペニシリンの研究をしていましたね。寮からも先輩たちが次々応召していきました。一歳年上のいいだももさんは醤油を一升飲んで徴兵検査で帰されてきた。五学年上の宗左近《そうさこん》さんは精神を病んだふりをしてどうにか帰ってきました（宗左近の母は東京大空襲で焼死。詩集『炎《も》える母』がある。筆者注）。戦争で死ぬということはまったく馬鹿らしいことだと、僕らは思っていた。

五中の同級生は一人も死んでいない。一高の同級生は一人だけ死んでいます。尾藤正明という人ですが、たまたま家族のいる満州に行ったときに、そこにソ連が攻めて来たんで召集されて、シベリアに連れて行かれ、そこで餓死同然に亡くなった。思い出すのも辛いです。

東京大空襲もそうですが、沖縄戦の時点で、陸軍も海軍も全滅してたわけですよ。あの時期に沖縄で抵抗するのは無駄だった。でも現地の人々には死ぬ以外に道はなかった。日本がもっと先に降伏していれば死ななくてよかった人たちです。日本人が自分たちで戦争責任者を裁かなかった。アメリカ任せにしてしまった。それが今の安倍内閣（当時）のような考え方が出てくる所以だと思いますね」

――終戦になった時はどこにおいででしたか。

「駒場の寮にも空襲があって、消火活動なんかしておりました。一高にはよそよりニュースソースがいろいろあったのは確かです。敗戦になる、ポツダム宣言を受諾するということはわかった。ただその後、何が起こるかわからない。早く父が地裁（地方裁判所）の長官をしている青森へ行こうと、大宮から八月の一六日に満員列車で一家で向かいました。食糧難で一高もしょっちゅう休校になり、食えないので青森に行くしかなかった。行ったら青森が空襲で焼けており、弘前に移って半年いました。その辺は『私の昭和史』に書きましたが。青森にいたときに、米軍の女性士官に捕まったら強姦されるぞという噂がたちました。それは今まで書いたことがないなあ」

――戦争が終わってどんなお気持ちでしたか。

「ともかく灯火管制が解除になって、明るい電気の下で本が読めるという解放感はありました。

同時に、ソ連が満州に入ってきたときの乱暴狼藉があるわけですね。日本が中国でやった残虐行為がある。米軍が入ってきたときに何が起こるかという不安はありましたね。

日本政府は戦後、大森海岸などにアメリカ軍のための慰安婦の施設を作ったわけですよ。今でも建物は思いだします」

――戦後、また出英利や高原紀一など五中関係の旧友ともお付き合いが再開するわけですね。

「出とはずっと仲よくしていました。一高へ戻って、翌年の七月に仲間と『世代』という雑誌を出しました」

「世代」は一高の先生方を顧問に、一高文芸部が中心となって編集した総合雑誌で、広く全国の大学や高校にも開かれており、早稲田の出英利なども会合に参加していた。一年目は三万部も刷ったといわれる。

「それとは別に、昭和二一（一九四六）年一二月一四日、三島由紀夫さんが太宰治さんと会って、面と向かって三島さんが太宰さんを認めないと言ったあの有名な話。その時も僕は同席していました。そのお膳立てをしたのは、相澤と出です。出が練馬の桜台の家に高原紀一と暮らしていて、太宰さんと亀井勝一郎さんをお招きした。そこに三島さんがたまたま見えたのですが、三島さんは必ずしも事実を書いていない。太宰さんと口論してしらけて『匆々に辞去した』、先に帰ったように書いていますが、実は最後までおいでになって、三島さんと僕は桜台から渋谷までいっしょに帰ったんです。

その頃の渋谷は真っ暗だった。そして渋谷駅に三島さんのお父さん平岡梓さんが三島さんを待って立っておられた。お父さんは農林省のお役人で、おじいさんは平岡定太郎といって樺太庁長官だった方ですね。三島家はその時に松濤の借家に住んでおられた。僕もそこまで一緒に歩いて、そこから別れて駒場の寮に帰ったというのが事実です。あの時、まるで三島さんは箱入り娘のようだと思ったな」

――その頃のお仲間ですか。陽炎忌の相澤諒さんという方は？

「相澤諒はね、五中で僕より一年下で、実家は埼玉県本庄の酒屋さんなんです。おじさんがあとを継いでいたので、酒が自由に手に入った。そうするとお米とかなんにでも換えられる。中学の頃から駒込あたりで一人で暮らしていました。行くと小麦粉をこねてパンを焼いて食べさせてくれたりしてね。中学一年の時からとてもいい詩を書いて雑誌などに載せていた。

才能があった人だと思います。腸の結核で苦しんだ末、昭和二三（一九四八）年に服毒自殺した。最後は「星の唄」という、言葉を純粋に突き詰めれば突き詰めるほど、言葉を発し得なくなるという痛切な詩があります。

相澤と立原道造について話してもあまり食い違わないんだけど、小林秀雄とか中原中也とかを、もう少し突き詰めると、食い違いが出てくる。彼が死んだ時に未発表の詩も残っていたので、ずっと後になって僕は相澤の詩を選んで、青土社から『風よ　去ってゆく歌の背よ』(一九八一年)という詩集を出したんです。読むと、ああ彼はこういうところまで行っていたのかという感慨に耽りましたよ。

つまりね。人間は社会の中で、時代と向き合って生きていかざるを得ないわけですから、それを抜きに言葉の純粋さだけを抽出しても仕方がない。たとえば原口統三《はらぐちとうぞう》という詩人がいます。『二十歳のエチュード』というのを残して昭和二一(一九四六)年の一〇月二五日に逗子海岸で自死した。僕は一高の寮で彼とも非常に親しかった。彼は生きるということは寛容でなければいけない。自分の信条を裏切って人と妥協することだ、とも言っていた。その結果、自分の純潔を守るためには自殺するしかない、といってこの世を去った。

人間の純潔というものは、混沌とした社会の中でいかに自分を強く保ちうるかだと、今になると当然のようにわかる。でもそれからの僕は、自分は妥協しているのではないか、自分は自分を裏切っているのではないか、そういう反省を強いられながら生きてきました。それを常に考えてしまうのは原口が死んだ、それが教訓になっています。僕の前には、相澤みたいな人と、原口みたいな人と、そして出のような人がいた」

――聖子さんによれば、昭和二七(一九五二)年一月に出さんが亡くなったときも、前年に同じ場所で原民喜が亡くなったので、自殺ではないかと言われたと。

「矢牧一宏がその夜の出来事を『世代』の一五号に書いています。彼はあの夜、『世代』の例会のあと渋谷で飲み、矢牧とまた西荻窪で飲んだ。最終電車が行ってしまったので、矢牧は輪タクを探そうと一生懸命駆け回ったが、その間に出とはぐれた。出は単に酔っ払って、最終が行ったからもう電車は来ないだろうと思って線路伝いに歩いていた。そこに貨物列車が来た。轢死であって自殺ではないんだと。

出が亡くなった時、葬式で初めて聖子さんと会いました。それまで出から、うちの女房は美人だ、料理が上手《うま》いんだ、という自慢を聞いていました。出家ではその時、聖子さんを英利夫人として遇していましたね」

――その時、喪服姿の聖子さんの美しさに打たれたと中村さんはお書きです（「聖子さんの喪服」『風紋25年』）。

「本当に清楚で、悲しみを含んで、綺麗でした。だいたい女性は喪服を着ると美しい。特に黒い和服を着ると。その後、聖子さんと親しくなり、一緒に食事をしたりしたのは覚えています。聖子さんは銀座のバーに勤めていたのかな。あなたたちの来れるところじゃないわよ、といなされました。その頃、僕は司法修習生でお金なんかないし」

――英利さんと聖子さんの関係をどう思われました。

「出は望みが高くて、しかしそれを文筆に表現することができない。希望するものと能力がマッチしなくて書けなかった。しかし、そういうところを聖子さんが愛おしんだのではないかと僕は想像します。

それと同じに、聖子さんが半世紀以上ずっと『風紋』を続けてきたのは、言うならば、彼女のきっぷのよさによるものです。村井志摩子も養えば、出英利も養うというような」

――事故の時に出さんとおられた矢牧さんはどんな方でしたか。

「矢牧は一中（今の日比谷高校）でいいだももと一緒なんです。あの人はずっと『風紋』に来ていました。沼正三の『家畜人ヤプー』（一九六九年）を出版して大儲けしたけど、恬淡としていたなあ。あの頃はみんな矢牧にたかったんですけどね。あの人は、出版社を立ち上げては失敗し、何度も新しい出版社をやりました。それこそ『風紋』なんかに一〇人くらいのお供を連れてきて、儲けはみんな飲んじゃったんじゃないですか」

――七曜社、天声出版、都市出版社、薔薇十字社、出帆社……矢牧さんにお金を出資して損した人もいるらしいですが。

「矢牧にお金を出す方が……悪い。企画力は非常に優れていたんじゃないですか。安岡章太郎さんが矢牧は天才的な編集者だと言ったと聞いたことがあるけれど、経理の方がちゃんとしていなかったのかな。

『世代』の創刊号に矢牧は『脱毛の秋』という小説を発表していますが、これを読んでも小説家としても才能はあった」

――「世代」の高原紀一さんも五中ですか。

「そうです。うちの母なんか先生に『高原君と出君とは遊ばせないでください』といったくらいの不良少年たち。だけど中学三年のときに彼の書いた処女作『聖歌』は国語の先生が、『将来高原くんが小説家になった時、これが処女作だと言っても恥ずかしくない』と評価したくらいです。でも結局は八雲書店で編集者になって、シャンソン歌手の石井好子さんのマネージャーなんかをやって芸能界で終わり。小説家にはならなかった。どうしてなのかなあ。運、鈍、根ですね。高原には根気がなかった。

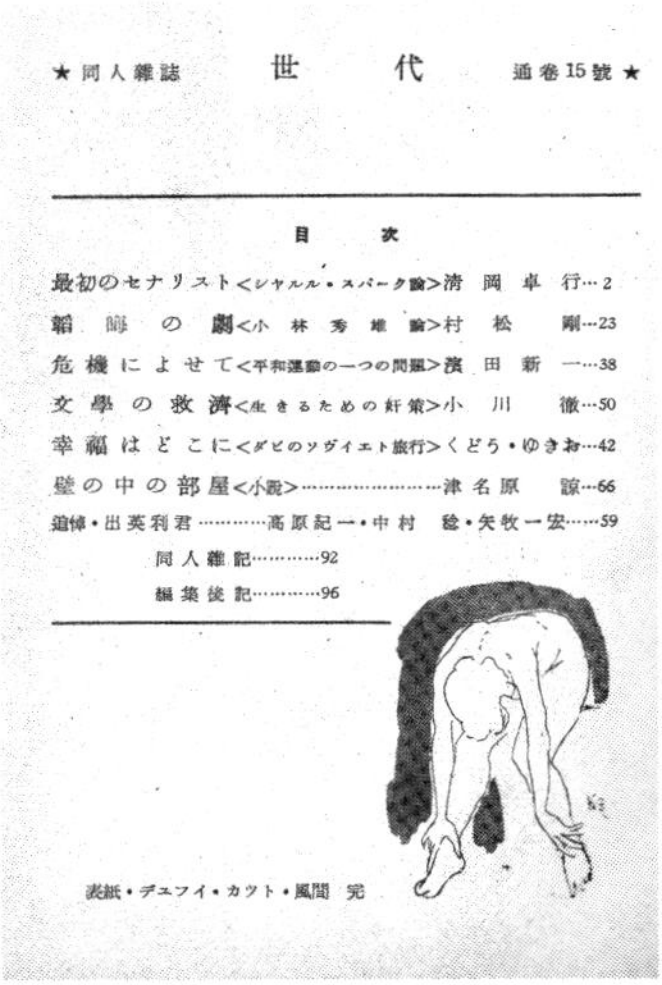
★同人雜誌　世代　通卷15號★

目次

最初のセナリスト<シャルル・スパーク論>清岡卓行…2
韜晦の劇<小林秀雄論>村松剛…23
危機によせて<平和運動の一つの問題>濱田新一…38
文學の救濟<生きるための奸策>小川徹…50
幸福はどこに<ダビのソヴィエト旅行>くどう・ゆきお…42
壁の中の部屋<小説>…………津名原諒…66
追悼・出英利君…………高原紀一・中村稔・矢牧一宏……59
同人雜記…………92
編集後記…………96

表紙・デュフイ・カット・風間完

「世代」の15号の目次。出英利への追悼を高原紀一、矢牧一宏が書いている

僕はすごく運がいい。だけども『根』もあるんです。悪口言われれば怯《ひる》むけども何クソと思うし、とにかく仕事はやり遂げようと思う。『世代』は復刻されています。日本近代文学館に、大岡昇平さんが復刻すべきだと当時、理事長だった小田切進さんに進言してくださった。『世代』の最後の方には村松剛や菅野昭正、

栗田勇とかが書くようになった。随分と世に出た人が多いですよね」
――一七号で終刊した「世代」の人々や時代については粕谷一希『二十歳にして心朽ちたり――遠藤麟一朗と「世代」の人々』に書かれていますね。かつての関係者を訪問して歩く映画「舞踏会の手帖」のような感じの本です。

「遠藤麟一朗のことを書いてくれたのは、僕らにとってありがたいことだけれども、粕谷としては、自分たちの上の世代が戦後を乗っ取ったような気分で、自由に『世代』を作っていた、それへの羨望があったのではないか。そう思いますね。しかもそれが実ることなく挫折したということへの挽歌だと思いますね」

――その通りだと思います。遠藤麟一朗は粕谷さんの五中、一高の先輩で、眉目秀麗で、博識で早熟で颯爽としていた。その人が住友銀行からアラビア石油に移籍して、組合運動の末、出世もせず、五四歳で亡くなる人生を追っています。最初なぜこんな無名の人を書かれるのかな、と思ったのですが。粕谷さんは「世代」の人々を「自分の前景」「逃げ水」と表現しています。ひょいと前に現れて、どこまでいっても追いつけない。「世代」関係者がのちに多く集まった「風紋」は文壇バーと言われますが。

「来ていた人で、小説家になりたかったが、成功しなかったという人の方が圧倒的に多いのではないですか」

――「風紋」と一度途絶えた縁が、再開したと言われましたが。

「トーメンの社員だった佐野英二郎は、出の小日向台町小学校の友達で、第二早高も出と一緒だった。その後、早稲田をでて、トーメンに勤め、佐野が外国勤務から帰ったのか、大阪の家をたたんで東京に住むようになったからか、わかりませんが、それから、出英利の『土竜忌』を『風紋』でやるようになった」

1988年、五中の同窓会が「風紋」で開かれる。左より林聖子、高原紀一、藤井賢三、太田純、中村稔（所蔵・林聖子）

――その時に久しぶりに聖子さんにお会いになって、印象は変わらなかったですか。

「……変わらなかったですね。やっぱり美人だな、と思いました。それから遠藤麟一朗の長安忌、相澤の陽炎忌も始まったのですが、遠藤は僕らより二つ、三つ年上なので、仲間たちも次々に逝き、最初に立ち消えになりました。『風紋』の常連ではないけれども、聖子さんには感謝しています。

佐野の随筆集『バスラーの白い空から』は新装版を今作っているはずなんです。もうじき出るかと思いますが、前の版、持っているから森さんに差し上げよう。

あとがきに僕との因縁なんかも書いてあるから」
中村さんはその貴重な本に丁寧にサインまでしてくださった。日本近代文学館館長を務め、法律の分野では知財権の第一人者として知られるが、静かで気取らない方であった。著書『私の昭和史』に五中時代の出英利の詩の一連が引かれている。

かのみなそこの　しろいふくよかな
肌えに　いくすぢかのひかりが
ながれこんで
ふかいふかい　まどろみのうちに
探しあぐんでゐた
わたしの　あをい　らんぷが
なかば埋もれて
ほしのやうに　もえてゐる
（「あをいらんぷ」）

「望みが高いが、実行するにはまだ力が足りない、そういう出を聖子さんは愛おしんだのではないかな」という中村さんの深い理解に、胸が熱くなる思いがするのであった。

16 舞台芸術学院と青俳、「宏くん」のこと

中村稔さんにお会いした話をすると、聖子さんは、「あ、その太宰治さんをお招きした家というのはね、中野の豊多摩監獄、あの先の方ですね。清水一男さんて浅草で下駄や鼻緒を扱う老舗の息子さんで早稲田の学生なんだけど、財産は父の前妻の子に譲って、自分は中野に一軒だけ家をもらった。そこに高原紀一さんと出英利さんが一緒に住んでいて、太宰さんをお呼びしたのよ。矢代静一さんが三島さんをお連れしたのではないかと思う。矢代さんというのがまた、銀座の靴のヨシノヤの三代目で、五中と第二早高、早稲田の仏文と英利さんとずっと一緒でした。劇作家でしたが」と補足してくれた。

昭和二一（一九四六）年一二月一四日のその時のことはいろいろな証言がある。野原一夫『回想　太宰治』には、七、八人の学生に冗談や、軽口でサービスしていた太宰に突然、三島が「ぼくは、太宰さんの文学はきらいなんです」とまっすぐ太宰の顔を見て、にこりともせずに言った。それに対し、太宰は「きらいなら、来なけりゃいいじゃねえか」と吐き捨てるように言って顔を背けた、とある。のちに書かれた三島由紀夫自身の『私の遍歴時代』によれば、太宰が「そんなことを言ったって、こうして来てるんだから、やっぱり好きなんだよな」と誰に言うともなく言った、となっている。

かたや太宰は三〇代後半の流行作家、かたや三島は二一歳の学生、しかしすでに学生にして作家であった。先行作家に対するライバル心は、太宰が志賀直哉、井伏鱒二、川端康成に悪態をついたように、三島にもあっただろう。同時に、三島は地方の旧家に生まれた太宰の「笈《きゅう》を負って上京した少年の田舎くさい野心」に辟易しながら、同時に自分に似たものを感じ、自己嫌悪も重ねていたのではないか。

また会の冒頭、三島が尊敬していた森鷗外を、太宰が「軍服を着て何が作家だよ」といなしたのにムッとしたのかもしれない。それは太宰の露悪趣味で、実際には尊敬する森鷗外の墓のある禅林寺に葬られることを望んだのだが。のちに法学部を卒業して大蔵官僚となった三島には、同じ大学の文学部を無事に卒業できなかった太宰への優越感も仄見える。ベストセラー『斜陽』について、「言葉づかいといい、生活習慣といい、私の見聞していた戦前の旧華族階級とこれほどちがった描写を見せられては、それだけでイヤ気がさしてしまった」とある。三島は学習院初等科、中等科で学んだ。

この太宰・三島の邂逅《かいこう》は大変、興味深い一件なので、長くなった。その場にいた出英利はどんな思いで聞いていたのだろう。

聖子さんの最初の恋人、出英利さんの一一歳違いの弟、出基人さんに補足していただく。

「英利は人生これからという時に事故死したわけですが、就職の内定が出ていたのは中央公論じゃなくて、松竹だと聞いています。何しろ見た目がルイ・ジューヴェですから（笑）。映画に興味があった。僕は昭和一二（一九三七）年生まれの末っ子で、父の生家の渡辺家を継がせようという目論見で、早くから津山に疎開させられました。英利もギリギリで徴兵に取られましたが、内地で除隊になって帰って来たので、母は喜んでいました。帰ってきても僕とは一〇ほど歳が違いますから、兄と言ってもピンとこなかった。兵隊から帰って来たときは丸刈りでしたが、いつの間にか長髪に着流しになり、なんだかおっさんぽくなって、小さい僕には四〇か五〇くらいに見えました。とっつきにくいのですが、優しい人でしたよ」

――その髪型や着流しのスタイルは太宰治を真似たものかもしれませんね。そうすると、英利さんが事故で亡くなられたとき、基人さんは一五歳くらいでしたか。

「ええ。父が何かの間違いで、東京都知事選に出て惨敗した後だったので、兄の死が自殺ではないか、と取りざたされました。まるで関係ないんだけど。幸子という母も、母親大会や婦人民主クラブなど戦後の女性の運動に積極的に関わった人で、佐多稲子さんなんかとも仲よかった。ただ父が東大をやめて出馬したので、恩給や退職金を棒に振ったと母は文句を言ってましたね」

――長男を亡くし、また次男が事故死してお母さまは力を落としておられたでしょう。

「もうすぐ就職して独り立ちできるところだったんですからね。あんなことなら小遣いもっとあげればよかった、と言ってました。仕事は何もしないうちに亡くなりましたが、若くして人生を見すぎたというか。生きていれば文学でも映画でも、何か仕事をしたのでしょうが。

その日は大人たちが、出入りして騒いでいた印象があります。葬式の実行委員長は太宰治の親友だった亀井勝一郎さんでした。葬式は姉まり子の嫁いでいた阿佐ヶ谷の教会で行われた。それもみんな聖子さんが現場で検死をして、遺体を家に連れ帰ってくれたからです。父も母もいずれ英利と結婚する女性として認めていました。英利の死後も、父なんか、なんならずっとこの家にいて、養女になって、ここから嫁に行くといい、と言ってたくらいです」

――そうですか。そんなに聖子さんは出家で愛されていたのですね。

「ええ、それから僕はずっと、彼女を姉さんと呼んでいます。とにかく聖子さんはその頃、絶世の美女でした。あんな美しい人を他に知りません。うちを出てからは荻窪の線路の近くのアパートにいたんじゃないかな。一九六〇年頃、『風紋』が開店して以来、その頃、僕は早稲田の学生でしたが、よく行ってました。お金ないんだ、というと、ふうん、なんてタダで飲ませてもらって。モトちゃんと呼んでもらって。いまだにね。

それと中村稔さんとか、兄を知る方たちが毎年一月八日前後に、土竜忌というのをやってくださった。それは聖子さんを励ます会でもありましたね。『風紋』に行くとずいぶん有名な方も来てたけど、こっちは名乗るほどのものじゃないから。それとは別に常連で親しい人とは、ゴルフをしたり、温泉に行ったりもしました」

――村井志摩子さんも出家で一緒だったそうですね。

「また、あの人は聖子さんとまったくタイプの違う、面白い人でね。コロコロした体型でジーパンを穿いて。演出家として日本より海外で有名な人ですが、それでも日本に帰ってくると必ず『風紋』に現れて、交友はずっと続いていたと思います。英利も志摩子さんも、聖子さんに本当に世話になったのじゃないかな」

基人さんは、父出隆から「お前は商売が上手だな」と言われたことがあるという。早稲田ではヨット部でならし、卒業後、一旦は会社に勤めたが、独立して建築設備の会社を興し、「風紋」の引っ越しや内装は「姉さん」のために骨身を惜しまなかった。

基人さんにお話うかがえました、と報告すると、聖子さんは「声がいいでしょ。英利さんと似てる」と笑った。


聖子さんの話に戻る。

「昭和二七（一九五二）年一月、出さんが亡くなった頃、勤めていたのは『やま』といって銀座五丁目です。看板はひらがなだった。先にここに移った人から電話が来て、今いるところとても居心地がいいからこない？　って。また別の経営者のスタンドバーですが、経営者とバーテンが一人だけいて、女っ気がなくて勤めやすそうなところでした。ずっと立っていなければならないのが辛かった。漫画集団の人たちがよく来てましたね。

横山隆一・泰三兄弟、ベレー帽をかぶってた。六浦光雄《むつうらみつお》さんは割としっとりした絵を描く人。大きな人でしたよ。そこのマスターもいい人でした。子どもさんがいなくて、出さんが死んだあと、うちに養女に来いよと言ってくれたんですが。父の話なんか何もしてなかったもので。長女だしねえ。でもそのご夫婦は、のちに家が焼けてお二人とも焼死なさったの」

――その後ですか。舞台芸術学院に入ったのは。

「太宰さんを担当していた野原一夫さんが奥さんと別れることになった。その奥さんはラジオドラマを聴いていると、すごく癒されるんですって。それで自分もそういう仕事をして自立したいというので、舞芸《ブゲイ》こと舞台芸術学院に先に入っていた志摩子さんに聞いて受けることにしたの。私がなぜか東大のそばの八雲書店、そこに行って入学の願書をもらって来てあげた。書くのに失敗するといけないから、二、三枚持ってた」

——八雲書店で、あの、いち早く太宰治全集を出して、途中で倒産したところですか。

「そう。当日、一人じゃいやだから来てと言われて、池袋の待ち合わせ場所に行ったのに野原夫人は来なかったの。それで学院に行って待ってたけど来ないので、私が代わりに受けちゃったんですよ。朗読とか発声とか。たぶん、全員入れたんです。落としもしないんでしょうが、受かったので、私も芝居に興味があって行ったのよ。もう英利さんや志摩子さんのために働かなくてもよかったし。学長は秋田雨雀《あきたうじゃく》という方でした」

——秋田雨雀はロシア革命一〇周年にソビエトから招かれ、米川正夫などと一緒に行ってますね。宮本百合子の『道標』に出て来ます。創立者は野尻与顯《のじりよしあき》という産科のお医者様です。

「他に土方与志《ひじかたよし》や八田元夫も教えてた」

——うわ、それはバリバリだ。

「その頃の新劇はみんな左翼ですから。授業料は月八〇〇円くらいで安かったし。学校は池袋の立教の方に降りていくところにあったのですが、ボロボロの校舎でね。二つしか教室がない。

大きい方の教室たって、この店くらいですよ。体操でしょ、バレーでしょ、肉体の訓練が多いんですが。あと発声練習、演技実習」

――聖子さん、姿勢もいいし、口跡がはっきりして声もいいですもん。

「子どもの頃、日本舞踊を林一枝先生に習ったんです。浦和の女学校時代、金春流の先生が来てくださって謡と仕舞も習ったので、それで発声がはっきりできるようになったの。私、歌はダメなんですよ」

――舞台芸術学院ではどんな芝居をしましたか。

「同期は結構いましたね。夜の講習科を半年やって、修了公演でみんなに選ばれて、私が主役をすることになったんです。『広島の女』という原爆で半面顔がケロイドになった女の先生の役。奇しくものちに村井志摩子さんも同じ名前の劇を書くのですが。演出家の山川幸世《やまかわゆきよ》さんは私たちの演技に不満だったと思うけど。あの方に発声や発音は厳しく教わりました。間違えるのでも林さんみたいに大きな声を出しなさい、とも言っておられたわ」

――詩人で夭折した『薔薇は生きてる』を書いた山川弥千枝《やまかわやちえ》のお兄さんですね。

舞台芸術学院は昭和二三（一九四八）年に創立、聖子は第六期だが、のちに市村正親、木野花、もたいまさこ、役所広司、渡辺えりが在籍した。今も専門学校として存在する。

「浅利慶太のお姉さんの浅利陽子さんも舞芸（舞台芸術学院）ですね。浅利さんは村井さんの同期だったと思いますが、静かなお嬢さんでしたよ。あの方は前進座に入って、二階の手すりに紐を結わえて首に巻いて飛び降りた。自殺なさったのよね。原因はわかりませんが」

――一族のお墓が谷中墓地にあります。

「そうですか。院長の秋田雨雀先生は本当に穏やかなおじいさんでしたよ。演劇論を教えていたので、私たちは真面目に聞いてた。でも若い先生は後ろの方で、もう秋田雨雀の演劇論なんて古すぎるとバカにしてタバコを吸っていたわ。卒業するときに、池袋のお住いの仕舞屋《しもたや》に挨拶に行った」

秋田雨雀は青森県黒石の出身。大正期に島村抱月らの芸術座の創設に参加、エスペランティスト同盟を結成。早稲田大学で演劇論を教えた。他にも授業を教えていた八田元夫は丸山定夫などの移動演劇桜隊の演出も行った。土方与志は赤い伯爵と言われた演出家である。

「卒業公演で認めてもらって、本科に無試験で進ませてもらって昼間も通うようになりました。ですが『青俳』の芝居を観に行ったら、人数は少ないけど、とてもいい芝居だなあと思って。女性がいなそうだから入れてもらえるかな、と。それで青俳に移ったので、舞台芸術学院の最後の授業料は払っていないんです。でも教務の先生もたまたま母の知り合いで、そんなことは気にしなくていいよと」

――その頃は聖子さん、どんな服を着ていらしたのかしら。

「ジーンズがアメリカから入ってきて流行り始めでしたね。もう一つ、オードリー・ヘップバーンの映画の影響かな、サブリナパンツという細身のズボン。日本のズボンはダブダブでしょう。ピシッとしたのが穿きたくて。七分丈の。米軍放出の店が目白にあって、そこに安く買いに行きました。芝居をしていた間は稽古もあるし、ずっとパンツ姿でした。パンツにセーターを着たり、シャツを着たり」

——「麗しのサブリナ」というビリー・ワイルダー監督の映画でオードリーが着ていたものですね。

大きな目のオードリーより、聖子さんは知的でギャルソンぽいジーン・セバーグみたいじゃなかったのだろうか。

「でも勤めではそうは行きません。着物こそ着なかったけど、スカートを穿いていましたね」

宏くんのこと

——出さんの後を埋める別の方はいなかったんですか。『風紋30年ALBUM』にはT氏という方と暮らしていたと……。

「……あちらは奥様もいらっしゃるから」

でも、その方と結婚なさる前の話でしょう。青春の一幕としてもう語っていい時期じゃありませんか？

「ヒロシくんね。前衛的な草月流というけばなをお父様の蒼風《そうふう》さんが作ったのよ、その息子が宏くん。私の一つ上だから昭和二（一九二七）年生まれだと思うわ」

勅使河原宏は、『風紋25年』の「聖子＝風紋」でこんな風に書いている。

「銀座にYAMA《ママ》というスタンドバーがあって、そこに威勢のいい二人組がいて面白いから紹介しようというので友人に連れていかれて、林聖子と村井志摩子を知ったのが今から三十数年前のことになる」

――つまり「やま」には村井さんも働いていたんですね。

「そうです。そもそも武者小路くんという人が『やま』の時代に店に来てたんです。武者小路《むしゃのこうじ》侃三郎《かんざぶろう》、カンちゃんというんだけど、元は洋画家の安宅《あたか》安五郎《やすごろう》の息子なの。でも暁星からいっしょで東京芸大の友達だった宏くんが大好きで、なんでもその真似をするのよ。安宅家も由緒あるうちなのに、勅使河原くらいのバリッとした名前になりたいというので、武者小路実篤の次女の妙子さんに婿入りして、名前を変えちゃった。勅使河原の方は別に堂上貴族でもなくて、お花の家元なんですが」

武者小路侃三郎は映画の演出、脚本、企画をしていた。勅使河原宏は書いている。

「狭い通路で聖子さんとダンスをしたとき、洗い髪の石鹼のほのかな香りがたまらなく新鮮で、聖子さんの印象をさらに強いものにしたのを覚えている」（「聖子＝風紋」『風紋25年』）

――公開ラブレターといってもいいですね。

「宏くんに父の名前をいうと驚いたようでした」

「林倭衛さんは油絵画家の中でも飛び抜けて色彩が澄明でマチエールの重厚な絵を描いた人だった。特に風景画の中にその良さが発揮されていたように思う」（「聖子＝風紋」）

評価する画家の遺児。母も亡くして天涯孤独だった聖子が勅使河原宏には沈みがちに見えた。

「一人ぼっちの聖子さんになんとかたのしい時間をと、店が仕舞ってから新宿や荻窪の赤ちょうちんの梯子をやったものだ。そして聖子さんがたのしそうにしてくれれば満足だった」（「聖子＝風紋」）

「宏くんが、東中野の大家さんの庭の離れに建ったマッチ箱みたいな一軒屋を見つけて来て、そこで暮らすようになったの。下が玄関と台所と六畳間で、二階にも六畳あった。昭和二七（一九五二）、二八、二九、三〇年にかけて四年ほど一緒にいましたかしら」

――聖子さんは高円寺、三鷹、中野と中央線沿線で生きてきたんですね。

その頃、東京美術学校を出た油絵画家である勅使河原宏は、武装闘争時代の共産党の活動家として、山村工作隊などにかかわっていた。この路線を自己批判し、昭和二八（一九五三）年には美術映画「北斎」の監督や、亀井文夫の「流血の記録 砂川」「世界は恐怖する 死の灰の正体」の制作の撮影に協力する。これらは日本のドキュメンタリーの金字塔と言っていい。さらに自ら監督として、安部公房原作の劇映画「砂の女」「燃えつきた地図」を作り、「砂の女」はカンヌ国際映画祭の審査員特別賞を受賞。アカデミー賞の外国映画部門にもノミネートされた。

「風紋」の20周年のパーティーは草月会館のレストラン薔薇で行われた。着物姿の聖子と右にいるのが勅使河原宏(所蔵・林聖子)

その後、陶芸、舞台美術、生け花や書でも才能を示した。平成一三（二〇〇一）年没。

――今でも一部には強いファンがいます。聖子さんとおつきあいがあったのは勅使河原宏さんが映画監督になる前の時代ですね。

「はい。その頃は彼が父親に反発して左翼運動に熱中していた頃で、私も村井志摩子さんもそういう活動のはじっこに関わっていました。私は芝居の稽古がありましたし、それぞれやるべきことをバラバラにやっていた感じです。彼には東京美術学校時代に結婚した音楽家の妻がおり、その人が籍を抜いてくれなかったの。お金はあるし、二枚目で大モテにモテるし。結局、家庭を持つには足並みがそろわなかったということでしょうか」

そう、聖子さんはわざと他人事みたいに言った。


先日、安部公房原作、勅使河原宏監督の映画「砂の女」（一九六四年）を見た。小説を読んだのは半世紀前、映画としても前衛的な野心が見て取れる傑作だ。

教師が昆虫採集に海岸の砂地を調査していて、一人の女が住む砂の穴に落ちる。女の夫と子どもが海で死んだあたりは柳田國男の「清光館哀史」を思わせるが、砂の壁は崩れ、汲み出しても汲み出しても砂で埋まってしまう。この辺はカミュの『シジフォスの神話』のようだ。男は女と協力して毎日、砂をかいだすが、そこから出られなくなってしまう。ある意味、女に呪縛されてしまい、男は失踪して行方不明ということになる。岡田英次と岸田今日子主演。映画のタイトルロールに延々と映る風紋。見ているうちに、この「風紋」はもしかして、バー「風紋」と関係あるのではと思い始めた。

もう一作、勅使河原監督作品、仲代達矢主演の「他人の顔」（一九六六年）では入江美樹が顔の一部がケロイドのようになった女を演じている。小澤征爾《おざわせいじ》夫人となる二年前で、彼女は映画にはこの一作しか出演していない。これまた舞台芸術学院で林聖子が演じた「広島の女」の話を思い出させる。聖子は若き日の勅使河原宏に何らかのインスピレーションを与える存在だったのではないか。

さらに当時、共産党に近い立場にいた安部公房は「青俳」に戯曲を提供し、一九四九年、勅使河原らと「世紀の会」を作っている。加えて安部原作の「砂の女」はじめ作品はATG制作なのだが、ATGを作った葛井欣士郎《くずいきんしろう》は村井志摩子の最後の夫君だ。出英利と「世代」の連環についで、勅使河原宏と「世紀の会」の連環、それが私の頭の中をぐるぐる回った。


――そして聖子さんは劇団「青俳」に入ったんですね。

「あそこは木村功さん、岡田英次さんが中心で、加藤嘉《よし》さん、西村晃さんなどが最初『青年俳優クラブ』として始めたものです。それが『青俳』。木村さんと岡田さんが稼ぎ頭で、その映画のギャラなどをつぎ込んで芝居をやっていました。のちに西村さんがテレビで水戸黄門なんか演るとは思わなかった（笑）。あとハラセン（原泉）さんて年配の女優さんが客演で来られてました。口数が少ないけれどニラミをきかしてた。原泉さんて、作家の中野重治夫人だったんですね。当時は知りませんでした。中野重治さんは『風紋』に見えたことがあります。野間宏さんも。見えたって作品を読んでファンというわけでもないし、普通にお話ししただけです。

青俳に入れていただいたのは昭和三〇（一九五五）年で、安部公房さんの『快速船』という芝居に出ましたね。私は二六くらいで、青俳は本当は入所は二五までという年齢制限があったたんですが。一緒に入った蜷川幸雄《にながわゆきお》くんはまだハイティーンですごく若かった」

――「快速船」という芝居は、調べたら劇団「青俳」の第三回公演ということになっています。

「あれが蜷川くんの初舞台でしょう。セリフのないサンドイッチマンの役。私は民生委員のおばさんの役でした。演出は倉橋健さん」

――あ、その倉橋さんの授業は、早稲田大学の演劇博物館の講座で何度か聞いています。他に「青俳」には金子信雄、小松方正、梅津栄などがいましたが、今劇団としては存在しません。

「金子信雄さんは当時ももういらっしゃらなかったわね。稽古に安部公房夫人真知さんが赤ちゃんを背負って見にいらしたのを覚えています。私は木村組だったので、青山の木村さんのお宅にお邪魔して、奥様のミシンを借りて大道具のカーテンなんか縫いました。奥様の木村梢さんは稽古場にどっさり焼き芋を持ってきてくださって。青山って言っても、あの頃は普通の静かな住宅街だった。劇団員が二〇人、研究生が二六人だったかな」

木村功夫人梢には『功、大好き』という本がある。

――そういえば「青俳」の時代に聖子さん、映画に出演されていますね。

「今井正監督の『純愛物語』(一九五七年)という映画です。中原ひとみと江原真二郎が主役。脚本は水木洋子。本田延三郎さんというプロデューサーがいて、食えない劇団の俳優に仕事を回してくれていたんです。先輩に来た役なんだけど、その人は他の仕事が長引いちゃって、研究生の私に回ってきたの。すごく間抜けな役で、白木屋デパートのバーゲン売場で洋服がワーッと並んでいるところで、誰かと洋服を引っ張り合ったりしただけ（笑）。

映画の撮影って、何回も同じことやらされるんですねえ。それでめげたんですよ。蜷川幸雄さんも出てますよ」

――蜷川さんは、演出家として世界的に有名になられました。平成二八（二〇一六）年、八〇歳で亡くなられました。

「蜷川君はすごくおとなしくて、デッサンなんかはうまかった。みんな画用紙の隅に小さく描くのに、彼は堂々と大きく描いてたわ。もう一本、宇都宮まで映画のロケに行ったことがある。あの頃、劇団は団員を映画に出させて、その出演料で芝居をしたり、劇団員が食べたりしたわけ。確か八〇〇〇円もらいましたよ。岡田英次さんも『また逢う日まで』に出たでしょ」

――久我美子との硝子戸越しのキスシーンで有名な映画ですね。そういえば、前回見せていただいた写真、杉葉子さんと聖子さんが昭和三〇（一九五五）年、ソフォクレスのギリシア悲劇「アンティゴネ」に出ています。そんなお芝居に出演とは初めて知りました。

「私もすっかり忘れていました。杉さんが姉の役、私は妹、あとはコロスという朗誦する男たちの芝居でした。杉さんは映画で有名になった方で、青俳には客演だったと思います。杉さんの成城のおうちに稽古に行きました」

——杉葉子は今井正監督「青い山脈」で池部良の相手の不良の高校生の役を演じて圧倒的な存在感があった。先生役は原節子。杉さんはアメリカの方と結婚してロサンゼルスにお住いのようですね（二〇一九年没）。

「そうなんですか。舞台でご一緒して、それきりです」

劇団青俳の舞台「アンティゴネ」のサンケイホールの楽屋にて。右から林聖子と杉葉子（所蔵・林聖子）

——舞台芸術学院の頃も、聖子さんに憧れる芝居仲間は多く、未来も嘱目されていた。なぜ芝居をやめたのですか。

「もう、よく覚えていませんね。たぶん食べることが先決だったんでしょう」

と相変わらず、聖子さんはさらっと受けた。

——そうすると勅使河原さんと暮らしながら、芝居を数年は続けたわけですね。

「ええ、宏くんにお金があったので、勤めに出る必要はなくなったのです。でもその頃、新劇の研究生は、バーに勤める人は多かった。好きなことをするのに親がかりというわけにはいかないし、喫茶店では収入が少ないし。宏くんと別れて、私は東中野の家に残りました。そして生活のために『ミモザ』という目白の店に勤めました。夜中まで働くと疲れるでしょう。そうしていつの間にか、芝居の稽古に行かなくなり、その世界との縁が切れてしまいました」

17
新宿でバーを開く

バー「風紋」でのある夜。

アナキストたちを追いかける中で知り合った二〇年来の大事な友人、坂井ていさんと、カウンターで聖子さんの話を聞く。坂井さんは二〇歳の頃から詩人秋山清に最後に可愛がられた人で、今も毎年、秋山を偲ぶコスモス忌を続けている。聖子さんと同じく、開けっ放しで、気前のいい人だ。若い頃はこの人もさぞかし絶世の美女だったろう。

「みかん、食べてもいい?」とていさん。

「どうぞどうぞ。酸っぱいわよ」と聖子さん。

「酸っぱいの好き」とていさん。大好きな先輩たちと過ごす豊かな時間。

「ここはシャッター下ろせば誰も入ってこないわよ。どうせ、月曜日はお客様少ないんだから。月曜から飲む方はいらっしゃらないから」と聖子さん。

女三人の気のおけないおしゃべり。夜は静かに更けてゆく。

銀座でのバー勤め

——聖子さん、銀座でいくつのバーに勤めたんでしたっけ。もう一度、復習させてください。まだ聞いていない話もあるかもしれないし。

「一軒目は、五丁目のスタンドバー『コットン』ですね。真ん中に馬蹄形のカウンターがあって、中に立ってお客様とお話しする。お酒は飲んじゃいけなかった。立ちっぱなしで足が疲れたわ。マネージャーには『足が見えるから、もう少し立ち姿を考えろ』と言われましたよ。銀座にまだあるんじゃないかな。

あそこで思い出すのは辻まことさんね。ダダイストの辻潤と『青鞜』の伊藤野枝の間に生まれた。まこちゃんは銀座にデザインの仕事場があったんじゃないのかな。パレット社という。そこには田戸の栄坊も一緒にいた」

——あ、静浦の幼馴染、田戸正春の息子の栄さん。

「『コットン』には前にも話したジャーナリストの松尾邦之助さんとも見えた。まこちゃんは私の小さい頃を知ってて、『僕は、赤ん坊の聖子ちゃんにオシッコひっかけられた覚えがある』とか『ほんと可愛くない子だったよ。獰猛で、気に入らないと嚙み付くんだよ』なんてからかうの。私にとっては〝お兄ちゃん〟みたいな人でした。

まこちゃんは、父親の辻潤を嫌がってた。私が辻さんの話をすると嫌がった。母の野枝さんのところに遊びに行くと、大杉栄は子ども好きで遊んでくれるから、母が大杉に奔《はし》って自分が捨てられても、悪い思い出はなかったって」

——まことさんは、武林無想庵と中平文子との間にできたイヴォンヌさんと一緒になったのですよね。

「ええ、まこちゃんとイヴォンヌの間に生まれた画家の竹久野生さんは、竹久夢二の息子の不二彦さんに育てられ、いまは南米のコロンビアにいる。前にお話ししましたね。辻まことさんの本（『辻まことの世界』）は哲学者の矢内原伊作さんが編集していますが、辻さんは矢内原さんの恋人だった吉田瀬津子さんを奪っちゃったのね。

その瀬津子さんは私と同じ、舞台芸術学院にいた方でした。男の子が一人います。辻まことさんは昭和五〇（一九七五）年に六二歳で亡くなって。肺がんではあったけど、あれは自死だったの。奥さんの良子さんにティッシュがないから買ってきてくれと言って、いない間にリュックサックの紐で、そう聞いてます。まこちゃんは、小さな頃、母親が他の男のもとに奔り、残された不遇で酒乱で精神に変調をきたした父親辻潤の世話を焼いた。そういうことに付き合って大変な一生でした」と、聖子さんの顔が曇った。

あとでたまたま「銀座二十四帖」という一九五五年の映画をネットで見ていたら、たしかに「コットン」という店の看板が写ったので驚いた。

――二軒目は銀座八丁目の「カルドー」でしたっけ。

「あそこは申しわけ程度のカウンターで、ボックスに座ってお話しした。電通の人も多かったわね。私は電通係だった。みんな感じがよくて、さっぱりしててね。自前で飲むのよ。社用族や接待なんかじゃない。資生堂の人も見えましたね。クリエイティブというか、アート系のことをしたい人に昭和三〇年代は、いい時代だったでしょうね」

――三軒目は銀座五丁目の「やま」ですね。

「お給料は少なかったですけどね。働きやすかったですけどね。月に一万五〇〇〇円くらいかな。店から通りに出ると角が資生堂で、並びに宇野千代さんのスタイル社がありました。宇野さんの年下のご主人、北原武夫さんは、毎日来てたわ。それで宇野さんと別れて、バーにいた久卿恵子さんと結婚したのよ。もう北原さんも髪の毛が薄くなっていたけどね。北原さんはのちに目白の『ミモザ』にも来てくれたわ。おうちがすぐそばだったんですよ」

――うわ、そんな話初めてだ。

「お店では何を話していいかわからないし、プライベートなことは話さなかった。お客さんがいろいろ聞いてくれるから返事してたくらいですね。私、話すことないし。お酒は好きでもないけど最初から強かった」

――なんだか初々しい話。映画で見る、銀座の夜の蝶とか、ホステス引き抜き合戦とかいうのとは、ずいぶん違いますね。

「そういえば、有名な『エスポワール』のママ川辺るみ子さんが、マネージャーに何か相談に来てましたよ。素敵な人だなと思って。洋服姿で、オーラのある方でした。『やま』とお店はそんなに離れてない。川辺さんとお客様を張り合ったとかいう『おそめ』が京都から進出してきたのは、私が銀座を辞めた後でしょう」

――あ、もう一つ「カープ」というお店にも聖子さん、昭和二八（一九五三）年頃、務めたでしょう。そう、「風紋」の年譜に出ています。

「忘れてた。そう、有楽町駅の近くね。それは宏くんと別れた後のこと、芝居をしていて食べられなくなって、知り合いの男の人に相談したんですよ。どこか楽なお店はないかしらって。それで、『うちの姉のやってる小さな店だけど行く？　すぐ入れるよ』と紹介してもらったの。有楽町の関西割烹の『出井《いづい》』の並びにあって、階段上がって二階の狭いところ。ママが広島出身なのね。確かに広島カープを応援してたわ。小鶴《こづる》とかいう選手も来てたわ」

私はその場で、スマホで検索した。

――「出井」は泰明小学校の近くですね。広島カープに昭和二八（一九五三）～昭和三三（一九五八）年に在籍した、和製ディマジオといわれた小鶴誠選手のことでしょうか。

「お顔も忘れちゃったけど、お名前が珍しいので覚えてる。でもそこは二週間で辞めちゃった。芝居の公演があったんですよ。仲のいい五人くらいのグループで、高円寺に借りられる劇場《こや》があるから、なんかやろうということになって。夜の稽古が多くなって」

――え、また芝居？　お店って、そんなに簡単に辞めていいの？

「辞められますよ。行かなければいいんだもん。夜の店は入るのも簡単だけど、辞めるのも簡単なの。私がわがままだっただけかもしれないけど。芝居は太宰治さんの『カチカチ山』というのをやった。狸とキツネとウサギが出てくるの。私はウサギの役」

――あれは名作ですね。三〇代の狸と一六の残酷な可愛いウサギが、なんだか太宰さんと聖子さんみたい。あの頃の青年はみんな、芝居に夢中だったんですよね。大正一二（一九二三）年生まれのうちの伯母近藤富枝は文学座、うちの母も疎開先で芝居を始め、東京に戻ってからも学生芝居に引っ張り出されてたそうです。

「テレビが出てくる前の話。あの頃は有名になりたいとか、お金がほしいというのとは違いますね。戦後は新劇が大はやりでね。何か訴えたいことがあった。体を使って表現したかった。みんなで何か作り上げるのも面白かったんですよ」

目白の「ミモザ」

——銀座の次が、いよいよ目白の「ミモザ」ですね。

「宏くんと別れたあとですね。筑摩書房に勤めていたときの後輩が、勤めていたんですよ。目白のボストンというケーキ屋さんの裏の辺。ママは能登七尾の出身。ママ自身が金沢の四高かな、学生と駆け落ちして東京に出てきた人で、たまたまうちの母と新宿のカフェ『タイガー』で一緒に働いたことがあった。そういうご縁。『あら、一度会いたいわ』というので会いに行くと、そのまま『うちに来ない?』ということに」

——ま、聖子さん、美しいからどこでも来てほしかったでしょう。可愛がってもらった?

「べつに。ただ、七尾の人だから、お魚をよくご馳走になりました。荷物が着いて、箱からぬか漬けの魚とか出てくるの。お店には、石川出身のお相撲さんも来ていたわ」

――広島から石川かあ。今度は野球選手ではなくお相撲さん（笑）。能登は力士が今もよく出るところですね。

「ここもスタンドバーなので足がぱんぱん。その目白の店で粕谷一希さんや高田宏さんに会えたの。粕谷さんはもう中央公論社に入っていらしたかしら。先に「オランジェ」という姉妹がやっている店に通ってたの。お姉さんの方が結婚して閉店したので、私たちの店の方へいらした。都立五中の出身で、『世代』の人たちが少し先輩で、出英利さん、中村稔さん、いいだももさんなんかの話が出て、よく来てくださるようになりました。雑司が谷にお住まいで近かったし」

――粕谷さんは山手《やまのて》が好きですね。自由な校風の母校、小石川高校（五中）に愛着を持っていて。そして一高に入った最後の年代ですが、あの、俊英が集まった中のなんとも言えない男同士の友愛の雰囲気に郷愁があるのでしょう。高田さんは？

「高田宏さんはその頃、音羽の光文社に勤めて、池袋モンパルナスの辺りに住んでいたはずです。こちらもお店に近かった。お二人とも毎日のように見えました」

高田宏氏に直接聞いたことがある。一九五四年に京都大学の文学部仏文科を出た年、全然就職口がなかった。筑摩に入れるはずだったが不首尾。仕方なく「女性自身」のライターをして、伊勢湾台風の取材に行った。溺死体をたくさんみたが、死体から金目のものを奪っていく強盗がいた。テレビには映らないが、現場の臭いが耐えられなかったと。「当時、少女アイドルだった鰐淵晴子《わにぶちはるこ》さんについて旅行をしたら、晴子ちゃんが僕の膝の上で眠っちゃった」なんて話もしてくださった。その後、高田さんはエッソ・スタンダード石油のＰＲ誌「エナジー」を一九七四年から一人で編集、これはすごい雑誌だった。満を持して『言葉の海へ』、さらに『木に会う』を書き、それぞれ大佛次郎賞、読売文学賞を受賞。

――聖子さんの話をぜひお聞きなさいと、私に「命令」したのは「風紋」応援団重鎮の高田さん、粕谷さん、このお二人でした。

「若い頃の高田さんは意気軒昂で、いつも誰かに怒っていましたよ。高田さんはお酒が強かったけど、粕谷さんはそんなでもなかった。お二人は店ではめったに一緒にならなかったですね。粕谷さんが昭和五（一九三〇）年生まれで、高田さんは七（一九三二）年生まれ。私より若いのに、お二人とも亡くなられて。もうお一人、アナキスト山本虎三の息子で、やはり光文社にお勤めの山本博雄さんもよく見えました。確か、仲間の種村季弘《たねむらすえひろ》さんを連れて見えたんです」

種村さんも「女性自身」のライターだった。のちに、東京都立大学のドイツ文学の教授。私は山本博雄さんに「風紋」に連れて来てもらい、そこで種村さんに会った。種村さんに「ライター時代、何枚くらいお書きになってたんですか」と聞いたら「八〇〇枚」と言う。「年間に?」と聞き返すと、「いや月間」と言われびっくりしたことがある。雑誌記者の頃はデータ原稿をそのくらい書いたと。こうしてみると、昭和三三(一九五八)年、皇太子ご成婚の前年に創刊された「女性自身」は草柳大蔵《くさやなぎたいぞう》を中心に、その頃、職のない才能ある青年をライターに育てた重要な雑誌と言える。

——ところで「ミモザ」の頃、聖子さんはどこに住んでいらしたの?

「そのときはまだ東中野ですね。宏くんと別れて一人になってもしばらくいて、新宿までバスに乗って、目白まで通ってました。東中野の家が駅まで遠いので、高円寺に越しました。ちょっとだけ尾久に住んだこともあったわね。

『ミモザ』は何年いたのか、覚えてないですね。昭和三三(一九五八)年から三〜四年かな。そんなにいたかしら。毎日は勤めてなかったかもしれない。そうだ、『風紋』を始める前までいたんだわ」

いよいよ、新宿で「第一風紋」を始める

——自分でお店を始めようと思ったのは、どうしてなんですか?

「とにかく、食べるために働かなくちゃいけないわけだけど。人に使われるのはもう嫌だった。『ミモザ』のママとは最後までいい関係でしたが。資本がなくてもやれる仕事は飲み屋しかない。初めは住んでいた東中野でもいいかな、と思ったんですが、そうするとJRを使うお客様しか来られないでしょう。新宿ならターミナルだから、京王線や小田急線の私鉄沿線のお客様も来てくださる。しかも、三光町は新宿駅から遠いから、家賃が安かったのよ」

――そういえば、バーを始める二、三年前に貸本屋をやろうとしたことがあったそうですね。

「そうね、実際にやったのよ。二度目の母操が『李白』というお店を出した後が空いたので。棚もみんな作って、筑摩とか新潮社の知り合いに頼んで本をいただいて、雑誌は新しいのを仕入れて、さあ商売を始めようと思ったんだけど、子どもがどっときて立ち読み専門。本なんかまるで売れないの。自然消滅になりました」

子どもを追い出すこともできず、困っている聖子さんの顔が浮かぶ。

「昭和三六（一九六一）年一二月一五日に開店した最初の店は四坪で、今の店を出て左に行った四つ角の手前の角。予算を言って不動産屋で探してたの。そしたら、『ナルシス』というお店の常連の男の人がこんなのあるよって紹介してくれたの。『ナルシス』は東口の中村屋の横のハモニカ横丁にあったのよね。新宿三光町に車庫があいてて、貸してくれると。そこならナルシスと競合しないと。狭いからカウンターだけのお店です」
紹介者は、永田宣夫、野原一夫の月曜書房時代の同僚だったことを付け加えておく。新宿というのは、その頃、子どもだった私にとっては、銀座、浅草や上野に比べ、なんだか洗練されていない、荒っぽい、寂れたところだという印象がある。

常連だった作家・松本哉さんによる初代「風紋」の図（所蔵・林聖子）

やり取りを聞いていた坂井ていさん、「戦後は焼跡闇市でしょう。今もある西口の思い出横丁、昔のしょんべん横丁、あの辺りは昔の新宿の感じよね。関東尾津組だっけ、新宿の闇市を仕切ったテキ屋の親分がいて、娘さん（尾津豊子）が書いた『光は新宿より』という本が面白かったわよ」

尾津喜之助は廃墟の新宿に露店やマーケットを開き、必要な物資をできるだけ安く売った。新宿復興のために、歌舞伎座を誘致しようという石川《いしかわ》栄耀《ひであき》らの都市計画もあったという。結局失敗したが、歌舞伎町という名前は残った。

「風紋」の開店は、昭和三六(一九六一)年一二月一五日という安保闘争の翌年。高度成長に入っていく時代だった。

――なぜ「風紋」と名づけたのですか。

「昔、夏に外房の鵜原に父といた頃、学校に行くのに海岸を横切るとき、誰も歩いていない砂浜に、波の形が広がってたのが忘れられなくて。

『ミモザ』の姪御さんがいい人で、早稲田大学の建築科を出た人と同棲してたの。その恋人が内装をしてくれた。昼間はそこで姪御さんが家賃を半分出してくれて喫茶店をやっていた。私が夕方入ると、昼間のコーヒーの匂いが立ち込めていて、とても感じがいいの。食器棚が、一方を開けると昼のコーヒーカップ、反対側を開けると夜のグラス、というふうになっていて。小さいけどシャレてたんですよ。入口は武者窓で、昼は外の明かりが入って、夜はそれを閉めると暗くなる。内装をやってくれた建築家の彼は、その後イタリアに留学して、向こうで若い彼女ができて、『ミモザ』の姪御さんとは別れちゃったけど」

――いい話だなあ。青春の匂いがする。でも、車庫だったぐらいだから狭いんでしょう。

「トイレも入れて八畳だもの。開店お披露目のハガキを五〇枚刷ったんだけど、気後れして三五枚しか出せなかった。開店記念マッチを舞台芸術学院の時の後輩がデザインしてくれて、五〇〇〇個作ったら一〇年もちました。片面に馬、片面に三羽のカラス(八咫烏《やたがらす》)が描いてあって、ちょっとシャレてたのよ。

カウンターに八席くらい、そこに籐の大きなスツールを入れて。今思い出してもすごくいい店だった。カウンターの中を広くしてね。でもお客様がトイレに立つ時に隣の人と足が絡んじゃうの。それでいっぱいになると椅子一つは内側に入れて、中に座ってもらった。私の誕生日にお客様が大勢見えて、椅子二つに三人でかけていたこともある。

檀一雄さんが画家のサム・フランシスを連れてきたわ。カウンターの下の小さなところをくぐって厨房に入るのですが、サムは大きいからあちこちにぶつかっていましたよ」

「風紋」ではじめてカメラに収められた聖子（所蔵・林聖子）

――つまり今のゴールデン街の店くらいの狭さということかしら。
「まあね。お酒は買っても、月末まで『棚上げ』というのをすれば、払いを待ってもらえる。いい時代よ。お店は夕方五時から夜中の一時までやってました」
――つまみはどんなものを出していたのですか？
「銀杏を炒ったり、豚肉と野菜を煮込んだ

り、冬は風呂吹き大根とか。それと、デビラカレイという干物を叩いて炙って出したり。デビラカレイ、変な名前ね。変だから覚えてる。たいしたものはないのよ。すべて『ミモザ』の頃に覚えたつまみ」

——デビラカレイは手平、あるいは手開で、尾道あたりでは「でべら」と言い、ガンゾウヒラメをカラカラに干したものだそうです。それをほぐして小皿に盛ったんですね。

聖子さん、その頃のこの辺はどんなだったの？

「花園神社は変わらないわね。昔は明治通りだけだったの。『花園万頭』のところから奥も家がありましたが、道路を新設するんで、立ち退きになった。それで花園万頭は今は中洲みたいになっちゃった。駅から来る方には、花園万頭の角を曲がってください、なんて説明してたんだけど。

ゴールデン街はまだなかったわね。あのへんは仕舞屋だった。あとになるとゴールデン街で飲んだあと、花園神社を抜けてうちに見える方もありました。ゴールデン街では草野心平さんが『酒場学校』というバーを開いていて、うちにも見えたことがあります。ママの井上礼子さんと。

ここ三光町は、旧淀橋区じゃなくて旧四谷区なのよ。戦争が終わってまだ十数年、周りに何もなくて、お寿司屋が二軒、大国と加賀寿司、ラーメン屋が一軒、あとお蕎麦屋が一軒あるくらいで、あとは小さな仕舞屋ばかりでしたよ。新宿三丁目という地下鉄の駅ができたのは、ずっとあと」

——私はまだその頃、七歳で小学一年生。ていさんはハイティーンだから、新宿を覚えてる？

坂井ていさん「そうねえ。母も下町の人だったからあんまり行かなかったけど、紀伊國屋書店、武蔵野館、食糧品の二幸には行った。あとは中村屋のカレー。喫茶店の風月堂は、フーテンの溜まり場だというので興味があって行ってみた。アルバイトは芸大出のアーティストや、モデルさんが多かったですね。私は大学は日芸（日本大学芸術学部）なので江古田でしたけど、当時の恋人（萩原朔美氏）が新宿の『ビザール』というジャズ喫茶でアルバイトしていたわ」

——やあ、これも青春だ。いいなあ。

「風紋」開店のときのスケッチ帖なるものがあり、そこには伊藤信吉、檀一雄、高見順、十返《とがえり》肇《はじめ》、北原武夫、大泉洸《あきら》、六浦光雄などの戯文や戯画が載っている。

——最初にお店に来てくれたのはどんな人？

「確か、背の高い男の人だった。誰だったか知らない。粕谷さんや高田さんもさっそく来てくださいました。

店を開くというと、筑摩書房の古田晁さんがやたら心配して、『大丈夫か、大丈夫か』ってご祝儀に金一封くださった。社員にも『飲むんだったら、「風紋」に行ってやってくれ。会社に請求書を出していいから』と。私が社長秘書をしていた頃は、筑摩も大変だったんだけど、六〇年頃は少し経営がよくなっていたのね」

――筑摩書房も信州ゆかり、みすず書房も信州、社名からしても。もっと創業は前ですが岩波書店も信州。理論社の小宮山量平《こみやまりょうへい》さんは上田。信州出身の出版人は多いですね。

「古田晁さんは当時は東筑摩郡筑摩地村といった塩尻の旧家の方で、お父さんがアメリカで貿易会社を起こして成功なさったでしょ。旧制松本中学から東大を卒業して、かなり長いあいだ、アメリカのロサンゼルスにいたんじゃないかな。

古田さんは太宰さんと大の仲よし。莫逆の友というのかしら。『古田は何しろ駆けつけ三本だからなあ』と太宰さんは呆れてらした。一杯じゃなく、ビール大瓶三本をググッと飲む。恥ずかしがりで、飲まないと人と話ができないの。

私も随分あちこちでお相手したわ。飲みまっしょ、飲みまっしょといって、グラスをカチンと合わせてね。飲んだらあまり食べないの。唐木順三さんも見えました。編集の方たちもね。筑摩の同僚の臼井吉見さんも竹之内静雄さんもいらしたけど、家の方向が違うし、あまり飲まない方たちなんです」

――平凡社の方も多く見えたようですね。

「あの頃の平凡社には、アナキストが多くいたでしょ。初代社長の下中弥三郎《しもなかやさぶろう》さんが食えないアナキストの岡本潤や五十里幸太郎《いそりこうたろう》を雇って、『猛獣使い』と言われてた。岡本潤さんはベレー帽をかぶって、いつまでも髪の毛が黒々してお年を召しませんでしたね」

――下中弥三郎という人も一言では表現できませんね。兵庫県出身、陶工だったこともあるし、代用教員を経て編集者になり平凡社を創立、『や、此は便利だ』で当てて、その後、『大百科事典』を編纂、戦時中は国家主義に傾き、大政翼賛会の発足に協力して戦後は公職追放されています。かと思うと、第一回メーデーで演説したり、ロシアの飢饉を救おうと労働会議を結成したり、アナキストの石川三四郎とも縁がある。戦時中は『大百科事典』の編集部は林達夫らリベラリストのシェルターになっていました。

1981年に草月会館で行われた「風紋」20周年パーティーで挨拶をする若き日の村井志摩子（所蔵・林聖子）

「弥三郎さんの息子で当時の社長の下中邦彦さんが村井志摩子さんと仲がよかったので、自然と平凡社の方が多く来るようになったのかな。志摩子さんはその頃、小田三月《みつき》さんという、これまた太宰を敬愛していた作家と一緒に暮らしていました。そのあと、志摩子さんはチェコに留学して、演劇を学び、向こうで博士号を取ったりして。帰国するとうちに寄ってくださったものです。この近くに住んでいました」

――村井志摩子さんは、昨年亡くなられてお話を聞き損ないました。ずいぶん前に演劇の「広島の女」は見にいったんですが。それで、「風紋」は、最初から好調だったんですか？

「そんなことはないわよ。だれも来ない日もあった」

――カウンターの中は聖子さん一人じゃないでしょ。

「最初に頼んだ女の人は『ナルシス』から来てくれた人だけど、すごい飲んべえで、棚の上の一升瓶は落とすわ、私が行く前に手酌で飲んじゃってて、これはいっしょにやっていけないなァと暮れになる前にやめてもらったの。そのあと来てくれた稲葉（山口）淑子さんはいい人で、今でも仲よくしてる。一時、手伝ってくれたのが矢野（清野）鈴子さん。開店四年目、オリンピックのあと、きてくれたのが漫画家の林静一さんの奥さんになった林（長松谷）節子さんと、その何年か後、同じ高校を出た前田（山越）千代子さん。あの狭い店の中に、私の他に女性が二人いたんですよ。その三人でね、お客もいないし退屈だから、今から海に行こうということになって。だいたいあの頃、クーラーもないし夏は暑くてね。

それぞれ家に水着を取りに帰って、知り合いの運転手さんに電話して。『海に行きたいんですけど、安く行ってくれませんか』と言ったら、二五〇〇円くらいで千葉の鵜原まで連れて行ってくれたの。かつて親父さんと住んだその旅館しか知らなかったんだもの。二軒くらい旅館があって。それで水着に着替えて、海でぽちゃぽちゃやったこともありました」

なんて牧歌的なバー「風紋」ではありませんか。

18

ダン街道——檀一雄と第三風紋まで

——昭和三六（一九六一）年開業の第一「風紋」のお客様で印象的な方はどなたです?

「それは、やっぱり檀一雄さんですね。檀さんは太宰さんの友人でもあるし、野原一夫さんと最初は『やま』に来てくださった。目白の『ミモザ』にも。『火宅の人』の入江杏子さんと近くに住んでおられたから」

入江杏子『檀一雄の光と影』を読むと、彼女は昭和二（一九二七）年生まれ、福岡の新聞記者の娘、芝居がしたくて上京し舞台芸術学院に学び、民藝の研究生から入団。ほとんど聖子さんと同世代だ。あの頃は本当に新劇ブームだった。

――檀さんも生まれは山梨ですが福岡に縁が深い。『火宅の人』が一九七五年とかなり後で出たので、私は入江さんと檀さんはよほど長く付き合っていらしたように思いましたが、ほんの数年なんですね。恋愛そのものより、それを小説にする方が長くかかった。

「ええ、第一風紋の時にはすでに破綻していたと思います。一九六〇年代の最初でしょうね、まだお客様が見えない早い時間にいらして、別れ話をしてましたもの。その時に、入江さんが『これからの暮らしのために、家を建ててほしい』『二階には間借り人を置いてその家賃で暮らす』と強硬だったのを覚えています。言っていいのかわからないけど」

――いえ、お互い赤裸々にこの恋愛を書いている方たちです。聞かれてまずい話なら、人のお店ではすべきではない。おっしゃっていいと思います。入江さんの著書を読むとそんなことは書いてありません。ただ檀さんは、土地を買ったり、家を建てるの、好きだったのでは。

「そこが太宰さんとの違いですね。太宰さんは売れっ子でしたが、印税も原稿料も全部飲んじゃって、住むところには頓着せず、家は借家で三間しかない、雨の漏るような家でした。そこでお葬式を出したんですよ。時代がそうだったのかもしれませんが」

――太宰が明治四二（一九〇九）年生まれ、檀は明治四五（一九一二）年生まれ、お二人とも、お酒が好きで、愛人がいて、体の弱い息子さんをお持ちでした。

「まあ、檀さんはよく見えたわね。ここは医大通りといって東京医大へ行く道なんですが、東京医大関係の方は裏の若松町の方へ飲みに行っちゃって、先生も学生さんも来ませんでした。うちが出したらいくつかバーができたのね。『はにわ』は青俳の後輩が姉妹で始めた居酒屋で、うちから近かったので、店がいっぱいだと『はにわ』にいらして、少ししたらまたのぞいてください、と言ってました。どうやらこの辺でも商売が成り立つと思われたらしく、やがて『ノアノア』『五六八』『英』などができました。『ノアノア』は新宿ではうちより古いかもしれないけど」

「ノアノア」は初代は若槻菊枝というママで、昭和二五（一九五〇）年にハモニカ横丁で始め、吉行淳之介や白石かずこが来た店として知られている。また場所が変わって、その後、関登代雄氏の経営、今は「愉空間ノアノア」になっている。

――ここも伝説の店ですね。

「そのママが、この辺でもやっていけるかしらと聞きにいらしたことがありました。『英』さんはママが西部英子という方で、高橋和巳さんなどが来てましたが、もうないでしょう。今言ったいくつかある店を檀さんがはしごして歩く、それに編集者もついていく。それでこの通りを『ダン街道』と言ったんです。うちが最初なこともあれば、うちがラストのこともあった」

――そういうお店同士でのライバル意識みたいなものはあったんですか？

「ないわね。仲はよくもないし、悪くもない。自分の店をやるので精一杯でした。割と早い時間に檀さんが見えて、ちょっと買い物してくるよなんて言って、どこでか知らないけど豚のマメ（腎臓）とか、牛のタン（舌）とか臓物を塊で買ってくるのよ。茶色い紙袋に入れて。それでちょっと包丁とまな板貸してと言って、鍋で煮込んでタンシチューを作ったり。ニンニクとショウガとネギは必ずご持参で。大きな塊だから火が通るのに時間がかかる。それを見ながらうれしそうにちびりちびりやっている。鍋の中を覗こうとすると、『蓋取っちゃいけませんぜ』とか言って。肉の塊、丸のままだから時間がかかるのよ。

作家・檀一雄と林聖子（所蔵・林聖子）

こっちは夜の仕込みがあるから、檀さんにガス台を占拠されて大迷惑なんだけど、まあいいか、と。お客様には昨日の残りのおつまみとか、檀さんの作ったお料理を出したりして。かなりクセのある料理ね。でも檀さんのお料理の分はお客様にいただけないでしょう。ただで振舞うしかなくて、結局は赤字。檀さんとしては、私を助けてくださったつもりかもしれないけど」

――明るくて楽しい方だったのですね。

「中年の頃は恰幅《かっぷく》もよくて健康的な爽やかな方でしたよ。太宰さんの周りにいた文学青年みたいな暗さやインテリくささはありませんでしたね。ただ太宰さんはどんどん書ける方だったけど、檀さんは無理して書いているようなところもあった。新潮社のクラブが矢来町にあってそこに缶詰になったりしてました。担当編集者の小島千加子さんが心配していらしたり。書けないんだなあ、うちでちょっとでも気分転換になるといいなあ、と気を遣いました」

――他にカウンターに入りたがるお客はいなかったんですか。

「いましたよ。『近代文学』の佐々木基一《ささききいち》さん。あの方は料理を作るのではなくて、お酒をついだり、シェーカーを振るのが楽しみだったみたい」

――ま、ちょっとカウンターの中に入りたい気持ち、わかります。他にその頃で思い出すお客様は。

「山岸外史さん、『人間太宰治』という本を書いた。この方は太宰さんや檀さんと『青い花』って同人誌をやっていた同世代のお友達。ですからちょっと上です。出英利さんの関係で見えました。というのは東大でお父さんの出隆先生に教わった方なんですよ。来るときに、着物の背中に入れてきた金属の丸いお盆を『お土産です』なんてくれるのよ。どこのお店で取ってきたのかな。帰るときはうちの灰皿が一つなくなったりして。変な人ですよね」

——確かに、悪気もなく、あの頃、喫茶店のおしゃれな灰皿など失敬する人が周りにもいました（笑）。でもさすがに、お盆まではね。

第二風紋できる

第二風紋ができたのは昭和四一（一九六六）年の七月七日と『風紋30年』にある。

——七夕の日の開店ですね。どうして移ったんですか。

「第一風紋は現在地から道沿いに行ったところの四つ角でした。店の隣にお医者さんがあったんだけど、看護婦さんと駆け落ちしちゃったの。その前に私、アイスピックで氷を割ろうとして手を刺して、そのお医者さんのところへ駆け込んだことがあります。あの頃、上段に氷を入れる小さな冷蔵庫しかなくて。診察室と、その奥にタイル張りの手術室があったかな。そこが駆け落ちで空いたから借りて、医院を改造してバーにした。それで四坪の店が一挙に一三坪に広くなったの」

第3風紋の階段の上にあった看板（撮影・石本卓史）

――置いていかれた奥さんもかわいそうですね。

「いやあ、大家さんですが、すごくきつい方でしたよ。借りた後、私たちが外に出てお客様に『ありがとうございます』なんて挨拶しているとすぐ通報するの。警察が『うるさいと住民が言っている』と来る。そのたびに始末書を取られて一五〇〇〇円払うの。本当にいたかったわ。一体どこの方の苦情ですか、と警察に聞いたら、上を指差した。二階に奥さんが住んでいたの。あれじゃあ旦那に逃げられるわ、と思った。そのお医者さんは船医になったそうよ。あの頃は一二時過ぎたらお酒を売っちゃいけないと都条例があった。寿司屋はいいんだって、寿司がメインだから。それでうちもおにぎりをメインということにして、『見せおにぎり』を握ってカウンターに置いたり、お酒をお茶のようにお茶碗で飲んでいただいたり、苦肉の策でした」

――その頃、聖子さんが麻雀に夢中になったという噂もありますが。

「近くの成田屋という酒屋に麻雀が好きな兄弟がいてね。だから麻雀牌を店に置いていました。それというのは、お客さんと木更津あたりに行って夜、麻雀をしようということになって、四〇〇〇円で麻雀牌を買ってきてくれた人がいたのよ。何泊かしたけど麻雀ばかりして、海に行かなかった。覚えたてでやりたくてしょうがなかったの」

――賭けたの？

「安いのよ。タバコ一個とか」

——出英利さんの弟の基人さんが、「聖子さんは牌を振るのが遅くて、みんな待っててあげたんだよ」と言ってました。編集者の高橋栄一さんは「聖子さんの麻雀は、牌が一四枚あったってへいちゃら。『二枚捨てればいいんでしょ』みたいな。なんてったって聖子さんは僕らにとって

松本哉さんによる第2「風紋」の図（所蔵・林聖子）

別格官幣大社だから誰も文句は言わなかった」と。

「へえ、そうだったかな。ひどいもんね。将棋もやりましたよ」

——それが昭和三九（一九六四）年の東京オリンピックの前ぐらいだったかもしれません。

「オリンピックの時はお客様が見たいというので、店でテレビを買いましたよね。テレビがないとお客様が来ないんだもの。会期中、みんな昼間のカフェに来て見てました。出ちゃんが死ぬ前に一緒にいた矢牧一宏さんもよく来てました。あの方は森さんも何度か店でお会いになった内藤三津子さんのお連れ合いなんですが、いつも出版事業をする夢を描いては、いろんな人にお金借りてたの。アイディアはよくていいところまでは行くのだけど、すぐ潰れてし

まうの。内藤さんもご苦労なさったんですよ。お客様もみんな、あの人に貸したお金は返ってこなかった。飲み代もね。でもお金を貸すってそういうことじゃない?」

う〜ん。いかにも林聖子的な考えかただ。

——中村稔さんも、「矢牧に金を貸すのは、……貸す方が悪い」と言っておいででした。広くなった第二風紋にも檀一雄さんは見えましたか。

「もちろん。檀さんは練馬の方に大きな家も建ててらしたし、お子さんもたくさんいるのに、入江さんとのことがあって、悩んでおられたと思います。奥様のヨソ子さんは気品のある、しっかりした方でした」

——檀さんは昭和四三(一九六八)年に筑摩書房の「ポリタイア」という雑誌の編集長を筑摩の古田晁さんに頼まれ、中上健次さんたちを発掘なさったのですね。

「そうです。それは張り切ってやっていらしたと思います」

——あれは風紋の客であった代議士の世耕政隆《せこうまさたか》さんがスポンサーだったようですね。

「その後、檀さんは一九七〇年頃、ポルトガルで一年何ヶ月か暮らし、福岡の能古島《のこのしま》に転居して、病気になられて。次に知ったのは、亡くなられた時でした」

——RKB毎日放送の「むかし男ありけり」というドキュメンタリーで見ましたが、『火宅の人』の最後は奥様が口述筆記されたのですよね。テレビで見る檀一雄は、若い頃の恰幅のいい、明るい感じを失い、仙人のように痩せていました。

「筑摩書房では昭和三九（一九六四）年に創設された太宰治賞の授賞式の後の二次会を、古田さんが毎回『風紋』でやってくださったので、初期の受賞者・候補者の方たちは来られています。吉村昭さん、宮尾登美子さん、加賀乙彦さん。吉村さんはその後もなんども来てくださいました。吉村さんはおうちが吉祥寺で、新宿が近いし、バーで飲むのがお好きでした。『僕が一人で飲みに行くと、番頭か、刑事と間違えられる』とおっしゃってました」

――他にどなたか印象的なお客さん、おられますか。

「……作家の木山捷平《きやましょうへい》さん。あの方は着物の気楽な格好でいらっしゃって、一杯注文するときに、懐から首に紐でぶら下げた大きながま口を出して、パチンと開けて一杯分のお金を出すのよね」

なんか、文章のイメージと違うなあ。岡山生まれの木山捷平、太宰の友人、昭和四三（一九六八）年の八月二三日に死去。

――まさにその頃は学園闘争の時代、新宿騒乱の頃ですね。

「私は店にいるから外のことは知らないけど、何人か、機動隊に追われて店に逃げてきました。催涙弾で目を赤くしてね」

昭和四四（一九六九）七月、現在の地下の店、第三風紋ができた。

新宿放浪　太田篤哉さんの六〇年代

ある日、「風紋」の帰りに、坂井ていさんと「まゆみさん、もう一軒、よってかない。近くに友達の店があるから」と行ったのが新宿三丁目の駅に近い池林房《ちりんぼう》。店主の太田篤哉《おおたとくや》さんにその頃の新宿の様子を聞いた。太田さんは北海道岩見沢で育つ。

「僕は高校二年生までは北大行けるくらいの成績だったのに、途中でグレちゃって。『北大行きます』なんてオヤジに嘘をついて、札幌に出て浪人を一年やって、そのまま東京に出てきたのが一九歳。昭和三九年、西暦でいうと一九六四年かな。ちょうどオリンピックの年だった。びくりしたよ、北海道では汽車は平原を走るものなのに。東京だと高い所を走ってる。地下も走ってる。

キャバレーのボーイのあと、伝説のうたごえ酒場『どん底』で働いた。あそこは矢野智さんて経営者、元は芝居やってた人で、もちろんゴーリキーの芝居からつけた名前でしょう。美輪明宏、笹沢左保と冨士眞奈美、石坂浩二と加賀まりこなんかも来てたなあ。

そのうち『モッサン』がうちにこないかと言うのでそっちに移った。もっさんこと坂本さんは有名な『ばあ　まえだ』のママの下でゴールデン街にいて独立したんだ。『まえだ』のママともっさんは本当に対照的な女性で、長く一緒にやれるわけはなかったよ。片方、気が強くて、片方は泣き虫なんだ。ゴールデン街、今でこそ外国人に大人気だけど、あそこはそんなに古くはない。昔は青線だった」

――五木寛之の『青春の門』に出てきますね。

「そうそう。そこが昭和三三（一九五八）年の売春防止法でダメになって、そのあとゴールデン街になった。そのあと、赤線だった二丁目側はソープランド街とか、ヌードスタジオになり、今はゲイの街になった。

僕は札幌に帰っておいしいコーヒーを出す店をしたかったんだが、酒ってこんなにもうかるのか、と三三歳の時に独立、この池林房を始めて三五年（話を聞いたのは二〇一八年）。『モッサン』が花園神社の近くにあったから、最初から文学座の人たち、唐十郎の『紅テント』、津野海太郎たちの『黒テント』、芝居関係の人たちがよく来てくれたよね。居酒屋というより女性が一人でも入れる、つまみがおいしい、打ち上げにたくさんで来られる、そんな店を作りたかった。七〇年代の中頃に『本の雑誌』が始まってからは椎名誠、沢野ひとし、木村晋介たちがよく来てくれた。毎号、椎名さんに頼まれて広告を出してたから」

――私はあの雑誌で池林房を知ったんです。一九七六年創刊の雑誌を、ちょうど一九七七年に大学を卒業して編集者になった頃は毎月欠かさず買っていました。

「もっさんも、聖子さんも生まれは昭和一桁でしょ。そういう店がつぎつぎ消えていくね。『風紋』のビルの前を通って、聖子さんの手押し車が置いてあるとちょっとホッとする。今日もやっているんだなあって。もう九〇ですか。偉いなあ。僕は一代で店を閉めたい。死んだら同じ雰囲気ではできないもの。客は人に会いに来るんだもん。だから一〇〇歳まで働くつもり。それで死んだら終わり。空の上から『もう俺の店はないぞ、ざまみろ』と言いたいね。聖子さん九〇でまだやってるんだ。偉いなあ」

池林房などいくつもの居酒屋を経営、若い人たちを支援する劇場まで自社ビル内に持ち若い演劇人を支援する、自らも新宿の伝説である太田篤哉さんは感に堪えたようにそう繰り返した。

ママの結婚、そして出産

昭和三八（一九六三）年頃、聖子さんは大久保幸一氏と一緒になり、五年後の昭和四三（一九六八）年、一人息子の卓さんが生まれるのをきっかけに入籍。普通、酒場の歴史の叙述にはこうした経営者の私生活は出てこないものだが、私は林聖子という戦前・戦後を生き抜いた女性の伝記を書いている。恋愛以上に出産や育児は書き留めるべきことに思える。

「息子が生まれた頃は、もう二番目の店。高齢出産で帝王切開だったので、長く休んだの。その間はせっちゃん（林節子）とやまちゃん（前田千代子）がしっかり守っててくれた。近くにあった明治通りの産婦人科ですよ。もうやめちゃったけど建物は残っているわね。病院の付き添いさんがそのまま産湯を使わせてくれたり、オムツを替えてくれた。八月一日生まれなのだけど夏に手術したからか傷口が化膿して、綿棒みたいなので消毒するのが痛いのよ。麻雀にちなんで卓とつけたのかな（笑）。そこのカウンターをハイハイしていたんだから」

――この時はたまたま卓さんがいて話を補ってくれた。

「住まいも店の近くですしね。『風紋』にバイトに来た女子学生さんがいい人だったので、悪い虫がつかないようにと、僕のベビーシッターにしていた。本当にいい人だったんですよ。学校の先生の試験に受かり、『東京都だからこれからもずっと面倒見ます』と言ってくれたらしいけど、なんと大島に配属された。今は福島にいます」

聖子さん「店が終わって帰ると夜中の一時すぎで、子どもは眠っていた。朝はつらかった。朝ごはんを食べさせて幼稚園に送っていき、家に帰って私はまた寝ましたよ。それでも電話なんてかかってくるとおちおち寝てられない。煙草を吸ってたから朝は声が出なくて」

卓さん「僕も母と同じ、四谷第五小学校です。クラスメートにはお店の子もいたし、それこそゴールデン街のママの子もいて、行ってみると店の二階の狭いところに寝起きしてたり。中学二年までは誰か夜にいてくれたんです。家と店も近かったし。夕食は母が作っておいてくれました。というか、一緒に早めに食べてから、店に出ていった。早い時間は宮ちゃん（バーテンの宮負利夫さん）とか、若い女性たちに任せて」

相手の方とは、卓さんの出産がきっかけで入籍し、そのあとに別れている。卓さんは一時、夕張で暮らしたこともあるという。この辺のことは、聖子さんはなかなか話してくれない。しかたなく自分のことを話した。私の夫だった人は北海道の岩見沢出身なんです。夕張とか三笠も近くで……。そうするとやっと聖子さんの口が開いた。

「あら、そう。うちの人の実家は北海道の夕張で旅館をやっていたの。もうそこはダムの底に沈んじゃって。今は札幌にいるけど」

——その方とはどうして一緒になったんですか。

「『風紋』を始めるずいぶん前からだから。彼はずっと年下で、当時、学生でした。その前に付き合った人が出ちゃんも宏くんも二代目で、とにかく家が重い方ばかり。だから、家がご大層でない人がよかったのよね。一時は店も手伝ってくれたんだけど、人がよすぎて……」

——北海道の人はおおらかで人がよすぎる、わかります。一度、私がお店にいるときに、その方から電話がありましたよね。まだ、お元気なんですね。

「たまにとれたてのアスパラガスなんか送ってくれるの。それまでは缶詰の白いのしか知らなかったけど、北海道のアスパラは茹でるとそれは鮮やかな緑で、歯ごたえがあっておいしいの

第３「風紋」のシックな店内（撮影・中川道夫）

松本哉さんによる第３「風紋」の図（所蔵・林聖子）

よね」

関係が細い糸電話のようになっていても自分から切りはしない。アスパラの話にそれて、私にはそれ以上の質問ができなくなった。

さて、新宿のバー「風紋」は一九六九年の七月に最後となる店、第三風紋を開く。地下一階で、広さは一七坪。そして一九七〇年代に突入する。

「医大通り」と呼ばれる横丁に入って二、三軒目、左側の黒い壁に沿って急な階段をそろそろと地下に降りて行く。聖子さんは回想する。

「お客様が多くて入りきれないので、第二と第三と二軒のお店を掛け持ちで一〇年やりました。最初、お店だけ借りて別の人に第三の方をやってもらったのですが、その人が家賃を払わないのでひどい目にあったの。かといって第二を貸そうと思っても借り手がつかなくて。最後の店は内装が真っ黒になっちゃって、自分でもびっくり。天井に風紋の写真をはめました」

――河出書房（いまは河出書房新社）「文藝」ののちに編集長になった高木有さんが、若い日の頃を書いておられます。それこそダン街道を飲みながら議論しながらはしごして、出口近くの「風紋」にたどり着く。ここで水割りの二杯も飲むと不思議と気持ちが和み、やがて看板の時間に追われて家路に着くと。

風紋の看板の文字は、勅使河原宏に
よるもの（撮影・石本卓史）

「ママさんから見ればわれわれ若い編集者輩は騒がしすぎる存在であったようだ。やがてもっと静かな空気を求めて今の店が出来、旧店舗をジュニア店、新店舗をシニア店としてわれわれの選別を計った（と感じた）」（「18／25の想い」『風紋25』）

「というわけでもないんだけど、第二の方を最初の頃から手伝ってくれた節子（林節子）さんと千代子（前田千代子）さんに任せたの。二人は高校の同級生。あれがなんとなく嫌だったということは後で二人からも言われました。お客様が分かれちゃうと。そのうち第二風紋を、のちに『風花』を開くマスターが借りてくれて助かりました」

節子さんはのちに、独立してゴールデン街で「柚子の木」を経営、まもなく『赤色エレジー』などで知られる漫画家・イラストレーターの林静一夫人となった。

「ええ、私にとっては妹みたいな、いまだに支えてくれる大事な人です。もう一人の山越千代子さんは平凡社の前田剛さんと結婚なさったの」

19 カウンターの中の女性たち

その、林節子さんと前田千代子さんにようやく新宿の静かな場所でお話をうかがうことができた。平成三〇（二〇一八）年六月に「風紋」を閉めてからである。

節子「私は狭かった第一風紋から知っています。昭和四〇（一九六五）年くらいかしら、二二歳でした。連れて行ってくれたのはプロモーターの康芳夫《こうよしお》さんで、いっぺんで店の雰囲気に憧れて、帰る前にここで働かせてくださいって言ったんです。ママは紫の紬の着物を着て素敵でした」

毎日のように通っていた映画監督の浦山桐郎
（所蔵・林聖子）

——節子さんは東京育ちですか。

節子「私は長松谷という苗字で、父と母は秋田の角館出身ですが、私が生まれたのは父の仕事の関係で川崎。昭和一八（一九四三）年です。戦争で角館に一家で疎開して、終戦の時が二歳。戦後は習志野へ移りました。できたばかりの習志野高校の二期生。卒業して法規出版社というところに勤め、それもやめて四谷の『コクトー』って喫茶店でアルバイトしていました。独立して一人暮らしをしましたが、暮らしはかつかつ。

『風紋』もお給料はあまりよくなかったけど、とにかく楽しくて、働いているという意識じゃなかった。ママはあの通りさらっとした人だし、入った途端から楽しかったの。それで少ししてから習志野高校の演劇部で仲よしだったやまちゃんを誘ったんです」

千代子「私は旧姓を山越と言いまして、せっちゃんよりずいぶん後の第二風紋からです。第二風紋ができたのは昭和四一（一九六六）年でしょう。高校を出て日軽金（日本軽金属）に勤めて、そこもやめて家でいわゆる花嫁修業をしていました。せっちゃんが、『家にいたっていい人見つからないわよ。「風紋」に来れば男なんてよりどりみどりよ』と言うもんですから。行ってみて、初めて女の人というものに魅了されました。聖子さん、ボーイッシュで素敵でしたねえ。ショートカットにお着物が似合った」

――お二人より先におられた女性は。

節子「ママと同じくらいの年代の稲葉淑子さんですね。〝稲葉ちゃん〟と呼んでた。結婚されて奇しくも有名な女優さんと同じ、山口淑子さんになりました。この前の最後の会の時も、本当の最後に見えてくださいましたね」

山口淑子氏は書いている。

お客さんのない時は内から鍵をかけて、聖子さんがお茶菓子を御馳走して下さって、お客さんがドアをたたくと「どなた?」って戸を開けるようで、のんびりしてました。満席になると後ろにも立って「もう一歩おつめ下さい」とか「つり皮《ママ》がほしいね」なんて陽気でした。(「あの頃のこと」『風紋25年』)

稲葉(当時)淑子は帰りにタクシーに乗車拒否されるので、店では飲まず、車の運転を習って車で出勤したという。

節子「お父様の仕事の関係で、広島で原爆に遭遇した方なんですね」

稲葉氏はこうも書いている「地獄の灰の中から出てきた私には、明日を考えることが出来ないままここまで来た」。彼女は家庭と子どもを持ち、後半生は川崎で平和運動に参加した。

節子「もうお一人は清野鈴子さん、〝すずちゃん〟。演劇評論家の矢野誠一さんの奥様になられた方です」

矢野鈴子さんによれば、檀一雄に「おせいの店へ行こう」誘われて開店早々に来店、一年後から店を手伝った。

　お客が帰った後らしく誰もいない店の中に、錆朱色のようなシャネルスーツを着た聖子さんが、どこか硬質な美しい表情をみせて、カウンターの奥で悠然と煙草をくゆらせていたのを今でもはっきりと憶い出します。（「三光町のころ」『風紋25年』）

その頃の客として矢野（清野）さんは、水田三郎、辻まこと、映画評論家の佐藤重臣《さとうしげちか》、作家の高橋昌男、長部日出雄《おさべひでお》、色川武大《いろかわたけひろ》を印象強く覚えているという。

映画界の人々

節子「私たちがいた頃は毎日毎日、満員。大島渚さん、吉田喜重さんが女優さんも連れてきた。浦さん（浦山桐郎《うらやまきりお》）が毎日のように、セッコー！　と叫んで入ってくる。司葉子さんも見えました。浦山さんが『私が棄てた女』を撮っておられた頃には、浅丘ルリ子さんを連れて見えて。細くて綺麗でした。目も大きくて、手もこの中にすっぽり収まるくらい、お化粧もそんなにしないし、女優さんというより、お嬢さんみたいだった」

千代子「大竹しのぶさんも見えたじゃない。まだ高学生くらいかな。白いセーターを着てまんまるで。それこそ『風紋』じゃない、『青春の門』に出る前じゃない。増村保造《ますむらやすぞう》監督が緑魔子さんを連れて見えて、一生懸命口説いているような感じの時もありました」

――おお、最盛期ですね。作家の方は。

千代子「立原正秋さん、三浦哲郎さん、吉村昭さん。吉村さんはしょっちゅう来ていらしたからね。立原さんには『お、今日は着物だね』なんて、そのあと『あんまりいい着物じゃないな』とも言われたような。とても着物にこだわりのある方なんですって。その頃は着物を着るのは億劫ではなかった。ママはもちろんいい着物を着てらっしゃいましたよ。作家でもっと重鎮の方、そうそう、井伏鱒二さんも見えた」

節子「私は何と言っても思い出すのは檀一雄さん。取り巻きの編集者がいっぱいいてね、あんまり書かないからみんな待ってたんですよ。お料理が好きで、九州の作家とか、早稲田の先生とか、そういう人を連れて旅行に行くの。私もよく連れて行っていただきました。先生は『どっか食べに行こう』とすぐ行っちゃう人で。お店が終わると石神井のお家にも行ってね。『火宅の人』で揉めてた最中だったから、奥様は出ていらっしゃらないし。ふみちゃんを翌朝、学校に送って戻ってきたりしたこともあった。檀さん、お店ではエプロンしめて、これからさあ、檀流クッキングだ、なんて張り切って」

千代子「タンの煮込みとかお得意で、『風紋』の名物料理だったわよね」

節子「九州のなんてったかな、こってりした煮物。そう、がめ煮もお得意」

千代子「田村正和さんにお店から六本木に連れて行っていただいて、ご馳走になったこともある。素敵な方だったわよ。山田吾一さんが聖子さんと劇団で同窓で、テレビドラマで一緒なので、田村さんを店に連れて来てくださった。山田吾一さんも随分前に亡くなられましたね。それとうれしかったのはね。ほらせっちゃん、言って!」

節子「森崎東《もりさきあずま》監督が宝田明さんをお連れになって、外にお見送りに出たら、やまちゃん、宝田さんにギューッとハグされたんでしょ」

千代子「ふふ、そういういいこともありましたよ」

かつて勤めていた女性たちが集結した1976年9月の同窓会。右から聖子、前田千代子、２人挟んで林節子（所蔵・林聖子）

節子「だってあの当時の宝田明よ。みんなの憧れのマトよ。あと、炭労の委員長、原さんていう人は豪快だったわね。筑摩の古田さんも飲みっぷりが豪快だったけどねえ」

原茂は日本炭鉱労働組合委員長、三井三池争議を指導し、石炭政策の転換も進めた。平成一九（二〇〇七）年死去。

お店の経営

――お店はどうやって回していたのでしょう。

千代子「私とせっちゃんがいつもいて、あとはアルバイトさんのローテーション。『風紋』のそばの、普通の家の二階にお部屋借りてました。夜中の一時くらいまでやって歩いて帰る。すぐ近くですから。ママも赤ちゃんを産んだときは

（一九六八年八月）、けっこう長いことといなかったし。その間いろんな人たちで店を回してました。卓くんなんか、みんなで代わり番こに抱っこして育てたわよ」

——女の人ばかりだったんですか。

千代子「私たちの頃は桐山くんて若い男性がバーテンでいて、ママの旦那のこうちゃん（大久保幸一氏）もいた。日大の学生で優しい人だった」

——「風紋」は高いお店だったのですか？

節子「いいえ、そんなに高い店ではなかったですね」

千代子「普通よね。敷居が高いと思って来てみたらそんなでもなかった、という人が多かったですね。サラリーマンのお客様も見えましたし。一時は、お料理を作るおばさんがいて、結構ボリュームのあるつまみが出たの。私たちも六時に入って小腹が空くとなんか食べてたし、うちの主人（前田剛氏）なんか、平凡社から仕事帰りに風紋に行って、飲んで食べて、毎月給料の半分くらい風紋に払ってたんですって。まだその頃は出版社も給料がよかったのよね。ボーナスもいっぱい出たし」

節子「あの頃、高度成長で景気がよくて、交際費が出たので、集英社も筑摩も、若い人たちが来てましたね」

——ママの聖子さんから指示されたこととか、怒られたこととかないんですか。

節子「ないない」

千代子「私一度、お客様から一万円札で払っていただいた時に釣り銭を間違えたらしいの。それをママに言ったら、ママはお金を計算して、確かに多くもらってると。そのお客様、『はにわ』にいらっしゃるはずだからというので慌てて返しに行ったことがある。でも、その時もママは『何やってんの』と怒ったりしなかった。

それにお金のない人でも、飲みたかったら飲んでらっしゃいという感じでした」

――引き抜き合戦とかなかったんですか。

節子「そんなの全然ない。このまんまの姿で、このまんまでお客様に可愛がっていただいて、ママもあんなだし、変な人は一人も来ないし。本当に幸せだった。

新宿騒乱事件の頃、お店を抜け出して行って、花園神社の前あたりで石投げて、走って帰ってきたりしてね」

千代子「喧嘩もあまりなかったですね。早稲田のフランス文学の先生とか、来るときから酔っ払ってヨレヨレで、あれでよく家まで帰れるな、と心配したけど」

――サービスしたり、気を遣って疲れるということはありませんか。

節子「ないない。放っていてもお客さんは楽しく話している。だいたい、銀座のように着飾った女性たちに散々おだてられてサービスされても疲れるって。お客さんも素になりたくて来るんですもん」

――他にはどんな方がいらっしゃいましたか。

節子「安田武（評論家）さんは本当によく見えました。安田さんのお家にも遊びに行ったわね。奥様にもお会いして。詩人の田村隆一さんも店にしょっちゅう来てらしてね。鎌倉のお家にも行ったことがある。有吉佐和子さんの夫君だった呼び屋の神彰《じんあきら》さん、康芳夫さん、矢牧一宏さん、そのパートナーの内藤三津子さん、内藤さんのお兄さんもよく来てた。店がはねると、私たちも『はにわ』や『ノアノア』、『モッサン』なんかに飲みに行った。ということは『風紋』より遅くまで開けていたのかな」

千代子「あの頃はビールも飲んだけど、やたらウィスキーのミルク割りが流行ったわね」

恋の出入り

――お二人もステキ、お客さんもステキ、さぞかし恋の出入りがあったんではないですか。

節子「私はその頃、康さんと住んでいました。あの人はお父さんが台湾の大使館の医者だったのですが、そのために海外へ行くヴィザがなかなか取れませんでした」

康芳夫氏は昭和一二（一九三七）年生まれ、学生時代、東大五月祭企画委員長を務め、「赤い呼び屋」として知られた神彰の事務所に所属、「アラビア大魔法団」を企画、その後も、マイルス・デイビス招聘に失敗、トム・ジョーンズ来日公演には成功と、浮き沈みが激しかった。「呼び屋なんですから、あちこち行かなければならないのに。失敗すると自分が新潟まで逃げたりね。沼正三『家畜人ヤプー』を出すのを仕掛けてベストセラーになったりね。今も相変わらずわけわかんない。人生は遊びだと思っている人」

――ロックなんですね。

節子「気楽な、お兄さんみたいな感じで、束縛されなかったから、自由に別の恋愛もしていました」

――お店で客に口説かれることはなかったですか。

節子「見ていると、井上光晴さんなんか、絶えず隣の女性に恋人になれと口説いていましたが、それは断ればいいんですからね」

節子「こちらは秀才の前田さんに選ばれました(笑)」

千代子「え、最近耳が遠くて。都合の悪いことは耳に入らないわ(笑)」

節子「何と言ってもママもモテたし、ママに貢いだ人も多かったと思いますよ。神さんもいつもママにプレゼントを持ってきた。でも出さんと勅使河原さんと、青春時代の二つの恋ほどのものは、その後はなかったと私は思う」

――第二風紋をお二人に任せて、昭和四四（一九六九）年に第三風紋を始めたことを、お二人が嫌だったのではないか、と聖子さんは気にしてました。

節子「全然嫌じゃなかった。でも私は自分の店を出そうとしていたし、やまちゃんは結婚しようというところだったので。でもせっかく始めた『柚子の木』もすぐやめちゃったの。林静一と出会って、すぐ赤ちゃんができたし」

――旦那様の林静一さんも物静かな、優しそうな方ですね。

節子「それこそ、満州から引き揚げなんです。お父さんとお姉さんをあちらで亡くし、昭和二〇（一九四五）年に生まれたばかりでお母さんにおんぶされて、どうにか日本に帰った。中学を出てデザインスクールで絵の勉強をして、東映動画に入りました。宮崎駿さん、高畑勲さんとか、いろんな方に可愛がっていただいて。出会ったのは彼が二五歳で『赤色エレジー』を描いた頃だったかな。天涯孤独みたいなものですが明るいの」

千代子「私は子供は二人。子育ての間は新宿まで飲みに来るという時間はまったくなかった」

節子「私は主人の仕事柄、時々、個展のオープニングの帰りにみんなで寄ることもあったし、新年会とか同窓会とか、ママがやってくれたから、細い糸は繋がっていましたね」

千代子「なんといっても子育てが一段落した頃、ママと三人で、フランスに行ったのが楽しかったわね」

節子「あれは何年だっけ。お父さんの林倭衛の恋人イヴォンヌさんを探しに行ったの。結局イヴォンヌさんには会えなかった。もう楽しかった」

千代子「ルーブルにもオルセーにも行かずに、ずっとホテルで女三人でワインで酒盛りをしてただけ。あの頃はママも強かったし、私たちも強かった。ムーランルージュとか、洗濯船とか芸術家の巣窟にも行ったわね」

——そんなふうに、やめたお店のママと、一緒に旅したんですね。

千代子「そういうことです。私にとってはすばらしいお店でした。『風紋』での二年半が人生を変えたといってても間違いありません」

節子「ママは意地悪なところがこれっぽっちもないし、また私たちも素直だったのよ」

「文藝」編集長高木有氏は「いつも着物姿で穏かな物腰の聖子ママ（これも今も変らない）。そして甘い舌足らずの声がなつかしいセッちゃんと気持ちが優しくいつもシックな装いのヤマちゃん二人の憧れの美女」（「18／25の想い」『風紋25』）と書いているが、これが「風紋」最強トリオであったのは間違いない。

長くいた節子さんも昭和四八（一九七三）年の竹内好《たけうちよしみ》墜落事件まではいなかった。しかしその後も「風紋」で育まれた女の友情は続いた。「風紋」から巣立った女性には、舞踏家、演出家、編集者、小説家などさまざまな世界に羽ばたいた人も多い。

お二人はいつまでも、昭和五一（一九七六）年九月、風紋同窓会での一〇人の女性たちの写真を覗き込み、誰が誰かに興じていた。

20 竹内好墜落事件と火曜会

再び聖子さんに聞く。まだ「風紋」があった頃である。

——一九七〇年代に入って起こったのが例の竹内好さんの墜落事件ですね。

「中国文学者で魯迅などの翻訳をしていらした竹内好先生、私たちは失礼にもハオさんなんて気軽に呼んでいましたが、竹内さんを中心に安田武さん、橋川文三さんたちが、毎月『火曜会』という勉強会をうちのお店でなさっていました。それでよくお見えになったのです」

安田武によると第一第三火曜日の月に二回、夜六時から、筑摩書房の岡山猛、中島岑夫、岩波の田村義也、合同出版の野田裕次、文藝春秋の金子勝昭、毎日新聞の高瀬善夫、共同通信の新井直之など編集者、新聞記者を中心とする集まりだった。井上光晴、石垣綾子、安岡章太郎、宗左近、石田雄《たけし》の諸氏も顔を見せた。安田武は鶴見俊輔の「サークル主義」を批判して「目的を持たない緩やかな集まり」を志向した。

——竹内好さんは一九六〇年の新安保条約の国会での強行採決に抗議して東京都立大学を辞職されました。で、一九七三年、墜落の話ですが。

「その日は私は店にいなかったんです。コンサートだったかな?」

——調べてみると、竹内さんが階段を落ちた一九七三年二月二四日。康芳夫さんが苦労して呼んだトム・ジョーンズのコンサートが武道館で開かれています。

「あ、それですね。帰りに九段からタクシーがつかまらなくて」

——そうすると、お店には誰がいたんでしょう。

「アルバイトの千夏さんて女性とバーテンの宮ちゃん、朝日新聞の玉利勲さん。中で飲んでいたら『どかん』と、すごい音がしたんですって。それで慌ててドアを開けたら、男の人が倒れてた。近くの救急病院に担ぎ込んだのですが、頭を打ったようなのに脳外科の専門の医師がいなくて、それで何人かの方々に連絡して、たぶん、橋川文三先生のつてで御茶の水の順天堂病院に搬送された。私が店に帰った頃には玉利さんたちに『どこ行ってたんだ』とさんざん叱られたの。朝日の米倉守さんて美術記者が救急車に付き添ってくださいました」

竹内好自身は「墜落の記」（『転形期――戦後日記抄』）にこのように書いている。

私はその前日、ある会合に出て、そこでしたたか酔っぱらって、ひとりで新宿へ廻り、ある酒場の地下へおりる階段で顚倒したのである。救急病院に運ばれて応急手当を受け、そこには空ベッドがないため、脳外科のある病院をさがして順天堂病院にようやく応諾をとり、夜半すぎにそこの重点病棟に移された。しかし私は、顚倒以前にすでに記憶喪失、つまり無意識の状態にあったから、この経過をまったく知らない。

――現場にいた玉利勲さんは、それは土曜日の夜のことで、最初に運び込んだのは都立大久保病院で、そこで千葉市川の病院を紹介され、とんでもないと奔走の末、安田武さんの紹介で、順天堂に運び込んだと書いておられます。そのときもう、聖子さんはお店に戻ってらして、順天堂入院のための印鑑を持って付き添ったそうです（「茫々二十余年」『風紋25年』）。

「そうだったかしら」

――玉利さんはもう一人新潮社の編集者がいたと。米倉さんと玉利さんと聖子さんと後で三人で記憶を確かめ合ったけど、みんな食い違ったと書いていています。みんなよほど動転していたんでしょう。駆けつけた竹内好さんのお嬢さんが「男の人って、どうしてあんなにお酒を飲むのでしょう」と米倉さんになじるようにおっしゃったとか。

「竹内さんはいつもポケットに手を入れて歩いてらしたので、階段も危ないなあと思っていました。大事に至らなくて本当によかったと思います」

――私も入口の急な階段、手すりにつかまってそろそろ降りますが、壁が黒塗りで暗いしね。他にも落ちた方はありますか。

「ええ、何人も。お酒が入っていると危いんです。それであの手すりをつけたんです」

常連でもあったいいだももは「戦後文学史は、神田の『ランボオ』とか新宿の『風紋』をヌキにしてはありえません」といい、「竹内好さんが『風紋』の階段から落ちたのがモトで死んじまったダァ、とわたしがいうと聖子さんはいつも困った顔をなさいますが、(…)その『事件』が竹内好さんという大思想家にとって名誉である」(「聖域の巫子」『風紋25年』)と書いている。

「火曜会はその後、うちではやらなくなって、勉強会というより、あちこち江戸前のおいしいお店に行く懇親会になってしまいました。両国のももんじやとか森下のみの家、高橋の伊せ喜とか。その会にも私はうかがいました。安田武さんがまたそういうことがお好きだったのよね。安田さんはうちの女の子たちを教育してくれましたから、『校長先生』と呼ばれていました。筑前琵琶の桃山晴衣《ももやまはるえ》さんを最初に連れてきてくださったのも安田さんでした。『思想の科学』のお仲間の鶴見俊輔さんは安田さんが亡くなったとき一回見えましたね。お従弟さんの鶴見良行さんはわりとよく来てくださった」
政治学者の丸山真男、藤田省三の姿も「風紋」にあった。また「新潮」の編集長坂本忠雄は、林聖子を新潮社の先輩編集者として当時から知っており、「風紋」に現れた文士として、阿部昭、坂上弘、後藤明生、高井有一、柏原兵三、田久保英夫、加賀乙彦、黒井千次、色川武大、高橋昌男、笠原淳の各氏をあげている。もちろんこれですべてではない。草野心平、綱淵謙錠《つなぶちけんじょう》、古井由吉《ふるいよしきち》、大岡信、中上健次はじめ、多くの作家が、「風紋」で写真に収まっている。

——最近、作家は見えますか?

「この前、『火花』で芥川賞を取られた又吉直樹さんが見えました。文壇バーというものに憧れを持って一度行ってみたいと思っていらしたんですって。編集者の方と何かの取材で」

竹内好（右）、岡山猛、安田武が「風紋」に集う。1976年秋頃撮影（所蔵・林聖子）

七〇年代の客たち

同じ一九七三年には浅見淵《あさみふかし》（三月二八日）、北原武夫（九月二九日）が亡くなり、一〇月三〇日には聖子と「風紋」の後ろ盾でもあった古田晁が没する。

「浅見淵さんは早稲田の教授でしたが、大昔、御宿に住んでいらして、父の言いつけで、呼びに行かされたことがあるんです。『安成二郎《やすなりじろう》さんと近藤憲二さんが来てるから飲みに来ませんか』と。父と同世代の方でした」

――おお、アナキスト仲間ですね。

「戦争直後の私の印象が強いのでしょう。浅見さんは子供の頃のように私がお腹を空かしているると思っていて、いつも何か食べるもの、お土産を持って来てくださいました。

古田さんは筑摩を引退されて、東海道の二宮の先に住んでおられました。長年お酒を飲まれて、糖尿病になって晩年、お酒は召し上がらなかった。私にとっては大恩人です」

――翌年の物故者に山田哲丸さんという若い方の名前が書いてあります。

「そう、三六歳で亡くなられたんですねえ。凸版印刷の御曹司です。車が二台あるような豪邸に住んでいらした。今日は父も母もいないから、うちに来れば女中さんが作るとっても美味しい卵焼きをご馳走してくれるというので行ったんだけど、ついた途端にお母さんが帰ってみえて、おじゃんになったことがありました。とても優しい青年で、若いうちからうちに飲みに来てました。二段ベッドの上から落っこちて亡くなったのよね」

――そんなことがあるんですか。そして昭和五〇(一九七五)年には辻まことさんが六一歳で、翌年には檀一雄さんが六三歳で亡くなっています。みなさん、割に早いですね。

その頃のお客で印象深い方は？

「何といっても作家の色川武大さんですね。『麻雀放浪記』の阿佐田哲也といったほうがいいのかな。色川さんはナルコレプシーとかいうやたら眠くなるご病気で、店にいらしてもよくうつらうつらとされていました」

——色川さんと麻雀、なさいました？

「はい。三五円勝ちました。勝たしてくださったんじゃないのかな」

1987年あがたの森文化会館（旧松本高等学校校舎）を訪れた聖子。古田晁、臼井吉見、中島健蔵、唐木順三の写真が並ぶ（所蔵・林聖子）

——あの方は旗本色川家の子孫で、谷中墓地にお墓があります。

昭和五一年（一九七六）年の二月二六日、聖子さんはモハメド・アリとアントニオ猪木の試合を見に行った、と以前うかがいました。

「あ、思い出しました。当時、うちには呼び屋の康芳夫さん、神彰さんが見えていたんで、そのお誘いです。最後に小森のおばちゃま（小森和子）という、映画評論家の方がリングに上がって挨拶したりしたの」

――神さんや康さんはどうして「風紋」に来られたのですか。

「それが面白いつながりなんです。私は出ちゃんが亡くなったあとしばらく荻窪にいたの。東畑さんという方のだだっ広い家でした。ワンルーム一二畳もあって小さなストーブ一つで暖房が効かないような。その駅まで行く途中、近くの路地に神彰さんが弟さんと住んでいらして、どこかのお店で知り合いになったんだと思います。函館の方でね。あの辺、お寿司屋とかちょこちょこあって、私一人で瓶ビール一本とっても飲みきれないから、周りの人に分けてあげたりして知り合った」

――昔から気前がいいんですね。「呼び屋」というのは、海外から歌手やオーケストラ、時にはサーカスなどを呼んで公演させる興行プロモーターですね。もっと評価されていい仕事に思えます。神さんは六〇～七〇年代は「赤い呼び屋」としてつとに有名で、ソ連のドン・コサック合唱団、レニングラード・フィル、ボリショイサーカスなどを呼びました。陰には大変な仕事量と苦労があったはずです。有吉佐和子さんの夫君でしたが離婚されましたね。

「ええ、あれは神さんが倒産する際、当時人気作家だった妻の有吉さんを巻き込まない、傷つけないための離婚だったと聞いています。まあ神さんに言わせると『あれはババアが悪いんだ』と。有吉さんのお母さんとしては、もっとれっきとした家のエリートをお婿さんに迎えたかったらしいんです」

――なるほど。有吉さんは東京女子短大を出た才媛で、英語も堪能で、吾妻徳穂《あづまとくほ》のアメリカ公演の通訳などもされています。

画廊経営者でもあり、美術評論家でもあった洲之内徹さんも見えてますね。

「ええ、『中村彝《つね》の自画像を一八〇〇万円で売ったら、私は出湯《でゆ》の雑木林の中に小屋を建て、その家の壁にこの少女像を掛けておくことにする』というようなことを書いてくださったことがあります。その父の描いた『少女』って私がモデルなんだけど、なんだか男っぽく描けていて、私は気にいらないいんだけどね」

――その文を読んで、新潟の出湯温泉の山小屋をほんとうに洲之内さんにくれた方がいた、と言うのですね。私もたまたま出湯温泉の石水亭へ行き、そこも行ったことがあります。洲之内さんは岸田劉生の「麗子像」も好きでしたよね。

「洲之内さんは銀座の現代画廊から新宿まで見えていました。最初、新潮社の方と見えた日に、何百万だか、絵の売り上げの空前絶後の大金の入ったカバンをタクシーに置き忘れなさって。私、その日はお客様どころじゃなく、東京中のタクシー会社に電話にしがみついてかけまくり。で、あったのよ。その車をつかまえてもらって、取りに行くまで一晩中かかったの。無事戻ってとっても感謝されたのね」

——洲之内さんのところに「出獄の日のO氏」があったという話がありますね。

「あれは私がお貸ししたんです。もうちょっと貸してくれと期限がのびのびになった。家にあってもかさばるだけですものね。洲之内さんは毎日、それを眺めながらお酒を飲んでいたと」

——洲之内さんは、東京美術学校中退で、一時は満州の特務機関で働いたりとか、地獄を見た方ですね。洲之内さんも辻まことさんくらいモテたというし。

「現代画廊は銀座の松屋の裏、古いビルでした。あそこからうちまでタクシーで見えたのね。小柄な、線の細い方だったけど、何か独特の雰囲気がありましたね」

美術評論家の後藤洋明さんは、聖子さんの応援団の一人だが、洲之内徹の「現代画廊」に入り浸っているうちに、美術という魔物に魅せられてしまった人である。

ほかにも毎日のように現れた中村直人を筆頭に、寺田竹雄、原精一などの画家、土門拳などの写真家、中原佑介、針生《はりう》一郎、三木多聞、瀬木慎一など美術評論家も「風紋」に現れた。

「風紋」30年座談会

『風紋25年』（一九八六年）と言う私家本がある。緑色の表紙で、紙がいい。精興社の印刷だ。この本は店の常連だった筑摩書房の晒名《さらしな》昇さんが全力投球したものだ。校正のプロである晒名さんは一文字もゆるがせにしなかったという。ここにはもう一人、店の常連だった画家の松本哉《はじめ》さんの風紋の店の解説入りイラストが載っていて楽しい。『風紋30年ALBUM』(一九九一年)は写真が中心の本だが、その中の「風紋30年座談会」では、種村季弘、石堂淑朗、松山俊太郎の三氏が鼎談をしている。「風紋」以前の新宿に「五十鈴」「蘭」「カヌー」「たみ」「25時間」「あさ」「トト」といった名物飲み屋があったことが語られていて貴重なものだ。

「私もそのうちの何軒かは飲みに行きました。駅のそばのハモニカ横丁に『ナルシス』があって、そこのママはすごくきれいな人だった。そのあとコマ劇場の裏に越されて、花田清輝さんや埴谷雄高《はにやゆたか》さんが碁を打っていらしたり、佐々木基一さんもしょっちゅう行ってらした。『五十鈴』というのにもたまに行ってましたね」

——松山俊太郎さんは「お聖さんのは女としてのよさというより人間的なよさなんだね」「これだけ嫌なところがない人は案外少ないよね」とおっしゃっています。

「松山さんねえ、不思議な方でした。『風紋』のお客の中でも特別な方ですね。私がお店で産気づいて卓が生まれる時は、松山さんが病院に連れていってくださった。お母さんがどこかの大きな病院の経営者で、おじさんが血液学の大家だったと覚えています。あの方、片手がないでしょ。なぜ、ないかはもちろん聞いたことがありません。それでも和服を着て泰然として、誰彼が喧嘩を始めようものなら、松山さんがその席へ行って『あなた様は』などといって上手になだめてくださる。そこで喧嘩できなくなるくらい威厳があってね。だって松山さん、強いから闘ったら負けるもの。インド哲学がご専門でしたが、本はあまりお書きにならなかった」

――それに対して種村さんが「松山はお聖さんに惚れてたじゃないの。僕もそうだけど、こっちは早くに諦めちゃった」と発言しています。

「それはこれよ（持ち上げる仕草）。松山さんは酔うと犬の鳴き声を真似するのよ。それをまた山本博雄さんが真似して、山本犬というあだ名がうちではつきました。光文社時代のタネ（種村）さんの仲間よね」

――山本博雄氏はライター・編集者で、社史なども執筆した。お父さんの山本虎三氏は平林たい子の最初の夫君。ここもアナキストのネットワークがありますね。

シナリオライターの石堂淑朗さんも「僕、三年くらい前に聖子さんに浮気を申し込んで、まだ返事ももらってないよね」と割って入ってます。石堂さんは東大を出て松竹の助監督です。同期の吉田喜重監督が東大卒業はわかりますが、「八月の濡れた砂」の藤田敏八監督も東大というのはちょっと意外です。当時、朝日新聞と松竹と両方受かったら、松竹に行くというくらい、映画が人気あったと聞きました。そのくらいエリートばかりが映画を作ってたんですね。

「吉田喜重さんも見えたことがあります。大島渚さんも。一度か二度見えても、他のお客様もいらっしゃいますし、大してお話はしなかった。よく見えたのは浦山桐郎さん。村井志摩子さ

『風紋30年ALBUM』に収録された記念座談会で話をする種村季弘（左）と松山俊太郎（所蔵・林聖子）

んが浦山桐郎さんを好きでした。それで村井さんがくれたラブレターをうちの店で浦山さんが喜んで読んでたんだけど、どこかに落ちて見えなくなって、みんなで探したの。どうしても出てこない。翌日奥さんが長靴を干してたら、その靴の中から志摩子さんからのラブレターが出てきてバレちゃったんだって。それで一挙に家庭騒動になった（笑）」

――「風紋」で「太陽の子てだのふあ」や「私が棄てた女」の上映会もやったんだそうですね。浦山さんの「私が棄てた女」、中学の時に見て号泣しました。「青春の門」は大学の時、見ました。浦山さんもお店でよく喧嘩したんですってね。

「いやあ、いつも誰かと喧嘩してましたよ。そういうときは宮ちゃん（宮負利夫さん）という男の子がいたから。私がちょっと外でやってもらって、と合図すると心得て、外に連れ出してくれた。宮ちゃんは千葉の人で頑張ってくれたのよ。『風紋』をやめた後、亡くなってしまったの。結構長くいてくれて、心強かったんだけど」

――詩人の田村隆一さんも来てらしたんですか。

「浦山さんだったかしら、『六〇〇〇円持ってるか、だったらうちへ来いよ』と田村さんに言われて一緒にタクシーで行ったら鎌倉だった。お金がなくて帰るに帰れないので、朝風呂に入って一杯飲んで、晩飯食べて、また二人で一杯やって三日間いたみたいなの。やっとお金の都合がついて帰って来て、『風紋』に来て、いやあ大変だったよという話を聞きました」

——のんきな時代ですねえ。田村さんと一緒にいたことのある岸田衿子さんと谷中で会った時、小沢信男さんが単刀直入に「なんで別れちゃったの」と聞かれたら「あんな大酒飲みとは暮らせませんよ」とさらっと言ってらした。まったく、あの頃の詩人ときたら。

林聖子は有名・無名、肩書きや金で客への応対を変える人ではなかった。お金がなくて相当、ツケをためた人もいたらしい。ふらりと入って、飲んでいると心が静まって、談論風発して、時には喧嘩もあって、いろんな人の幸福そうな姿がかけがえのない思い出になる、そんな酒場が、かつて新宿にあった。

21
風紋課外部――スキーにゴルフに温泉に

一九八一年、風紋二〇周年を祝う会が草月会館で行われた。会場を手配したのは林聖子の昔の恋人、勅使河原宏氏で、恋愛が友情になり、長く続くことはあらまほしき姿である。案内状を六〇〇枚出し、二百数十名が集まり、高田宏氏が司会を務め、ウィスキーが底をついた。盛大な会だった。当時の「バー風紋」の勢いや思うべきである。この頃にはすでに一九六〇年代というより、昭和四〇年代の風紋を彩ったせっちゃん、やまちゃんは家庭に入って店にはいない。

その前後のことを振り返っておこう。

一九七九年、林聖子は二代目風紋を引き払って、三代目の最後の店一本になった。翌年、野原一夫『回想　太宰治』が刊行され、風紋で三八〇冊売れた。これは改めて読み直すと名著である。文体は抑制が利き、しかもわかりやすい。聖子さんは律儀な人だ。お店のお客の本の記念会を店で催し、本を広める。亡くなった仲間を忘れず、出英利の土竜忌を続け、相澤諒、遠藤麟一朗、佐野英二郎など、その仲間を追悼する会も催した。それに尽力する多様な能力を持った飲み仲間がいた。

安田武と竹内好の「火曜会」に勉強会の場所を提供した。「風紋」はある種の共同体の寄り集まる場所でもあった。

――一九七九年には老アナキスト岡本潤の自伝『罰当りは生きてゐる』の刊行を祝いました。岡本さんは前年の二月一六日に亡くなり、「風紋」で「岡本潤を偲ぶ会」もやっておられます。

「誰かがここでやろうと言い出すの。私は場所を提供しただけなのよ。岡本さんは大正時代の父の友達です。あの時、娘さんの岡本一子さんもいらしたと思います。この時の幹事が秋山清さんで、それで坂井ていさんを知るようになるのですが、秋山さんが泥酔して勘定は払ったの

1988年10月栃木県奥鬼怒の手白沢温泉での野原一夫（所蔵・林聖子）

か定かでないと、多田道太郎さんが書いておられます。まあ大丈夫だったんでしょう（笑）」

一九七〇年代、竹内好、山岸外史、岡本潤、一九八〇年に入ると園部三郎（音楽評論家）、唐木順三、武者小路侃三郎らが亡くなり、一つの時代が終わった。

八〇年代に入ると、お店が流行っていたこともあっただろうが、聖子さんは育児にもいささかの手間が省け、趣味の世界にも手を染める。

「卓の父親が強かったんで、それで覚えてよく麻雀したのよ。この近くに雀荘もあったし。それからお客様に誘われて、ゴルフもしました。スキーもしました。地下の夜の仕事だから、昼間に外で体を動かすことは好きでした」

わかる気がする。これについては筑摩書房にいた晒名《さらしな》昇さんが、「もっとも、お聖さんの麻雀たるや、自分の手の内しか見ていない麻雀で、いつも遅い遅いとせかされていたし、スキーはまるで縫いぐるみの熊さんが両手両脚を広げてまっすぐに

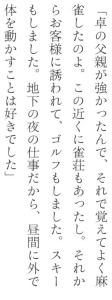

滑り落ちてくるように見えたものだ。夏になると店が看板になってから誰それの車で、それ行けとばかりに深夜の葉山に賑々しく繰り出したり、麻雀と酒が目当ての海水浴に房総に出かけたりした。要するに皆な若かったのである」と書いておられる（「酩酊志願」『風紋25年』）。

——そうはいってもシングルマザーで夜の仕事、お察しします。まだ、今ほど保育園が充実していなかったんですね。でもそういう姿はお客様には見せられないでしょう。

「そうですね。着物も買いました。その上に白い割烹着を着て店はやっていた。でも匂いもつくし、汗もかくし、脱いだ後の手入れが大変だった。足袋を洗ったりとかねえ」

——私も九〇年代に、何度か「風紋」の温泉旅行に誘っていただきました。当時、私の方が三人の子育て中で参加できませんでしたが。

「温泉に行ったのは一九八五年の日光奥鬼怒の手白沢温泉が最初ではないかしら。

一九八六年に、二〇年の記念と同じく、風紋二五年記念会を草月会館でやって、あのときは高原紀一さんの司会だった。それに合わせて高原紀一さんと晒名昇さんが『風紋25年』を編集してくださいました。高原さんは出英利さんと小石川高校の頃の仲間なんです」

——緑色の本、活版印刷です。精興社の印刷。

「それで翌八七年にバスで宝川温泉に。あそこは群馬ですよね。この年は一〇月にまた手白沢温泉に、と温泉づいてました。この二つによく行きましたね。でも、みんなスキーやゴルフをやるにはだんだん歳をとってきたのよね」

――一九九七年に私が長野でお話しした時に、聖子さんがわざわざ来てくださいましたね。あれも、「風紋」で八十二銀行の戸谷邦弘さんとお会いしたのがきっかけでした。

「長野の温泉やスキーに行くときは、戸谷さんが長野の銀行だのいろんな人に手配をお願いしてくださって、何かとお世話になりました。あの方は頭取になってもおかしくない方でしたが、顎のがんになって、顔が変形された。もうこれでいいと言って、そのままでした」

惚れそこなった男たち

――高田宏さんも信州にゆかりの方で、山小屋も持っておられて。聖子さんをずっと大好きでしたね。

「あの方は最初、光文社のライターをしておられた頃、『ミモザ』にいらしていたけど、私が開店のお知らせを差し上げなかったのかしら、少し間が空いて、『風紋』に来られるようになったのは、八〇年代に入ってからでしょう。安田武さんが連れてこられて、『なんだ聖子さんか』という再会でした。高田さんはその頃、エッソ・スタンダード石油のPR紙『エナジー』の編集者でしたが、そのあと読売文学賞を取られたときは店でお祝いしました」

――粕谷一希さんの方は「風紋」に毎週二回ぐらい来られていたようですが、意外に風紋のアルバムには写っていませんね。

「高田さんは記念パーティの司会もしてくださいましたが。粕谷さんはシャイなのか、あまり写真に写されたくない、逃げ回って表に出てこられないんですね」

――そうすると手白沢温泉で、山登りの帽子をかぶった高田さんと粕谷さんが林の中に二人で横になっているのなんか、珍しい写真です。

「確かに高田さんと粕谷さんは店で一緒ということはなかったですね」

――高田さんは作家になられましたが、粕谷さんはその後も「東京人」「外交フォーラム」を続けられたこともあって、ずっと編集者という感じでした。晩年何冊か本は書かれましたが。

『死霊』の作家、埴谷雄高さんが聖子さんにお熱だったという噂もあります。

「それはずっと昔の話ね。村井志摩子さんが広めた根も葉もない嘘です。埴谷さんもびっくりされて、私のことをわざわざ見にいらっしゃいました。それからはよく来てくださって、奥さまも連れて。あの方はでも、うちのおじいちゃんによく似ているのよね」

この時期から最後まで、よく通っていた「東京人」編集長の高橋栄一さんの記憶である。

1987年10月10日～12日、お客さんたちと手白沢温泉を訪れたときの記念写真。前列右から２番目が聖子。後列左２人目から粕谷一希、高田宏、最後列左が松本哉(所蔵・林聖子)

「早稲田大学高等学院の頃、僕らの同人誌を粕谷一希さんに送ったら、全員を招待してくれて、『風紋』にも連れて行ってくれた。妻とは学生時代に知り合ったのですが、たまたま粕谷一希の娘でした。風紋には大学を出た八〇年頃から行ってたかな。『東洋経済』にいたので、舅の粕谷とは別々に飲んでいました。風紋は八〇〇〇円だか、一万円だかのボトルを入れれば、あとは氷もタダで、何かつまみを出してくれた。高い店じゃなかったですね。

あの頃の常連では野原一夫さんが何と言ってもキャラが立っていました。黒い色の細いタバコをくわえてかっこよかった。酔うと太宰治が好きだった灰田勝彦の『燦めく星座』を歌ってリフレインのところをみんなに歌わせたりした。『思い込んだら命がけ、男のこゝろ、燃える希望だ憧れだ、燦めく金の星』ってやつ」

——野原さんは新潮社からいくつか出版社を転々とし、筑摩書房に入り、筑摩倒産（一九七八年）で役員として退社されています。太宰について四冊、ほかに坂口安吾、檀一雄、古田晁についても回想を書かれました。

「もう一人はフランス文学者の渋沢孝輔が面白い人で、飲みっぷりもよかったな。あの一派は『歴程』のグループで、草野心平の関係でしょう。石堂淑朗は怖いおじさんだった。早稲田の先生で酒癖の悪い鷲田という人が降りてくると、つまみ出すのはバーテンの宮ちゃんの役目だった。

八十二銀行の戸谷さんの世話になって、塩尻の古田晁の記念館を訪ねた時、お墓まいりしたが、立派なお墓がみんな古田で、一つ一つ探したくらい。三〇年史は僕たちも手伝って、五〇年史は山本和之くんが頑張ってくれました」

二〇一八年六月、「風紋」閉店。その前から、朝日新聞などで取り上げられたため、閉店前に伝説の文壇バーを見に行こうという新規の客が増えた。六月二四、二五日と常連、お身内、特にパブリック・ブレインの山本和之氏の奔走で、最終パーティが催され、大変な賑わいだった。

ここには出基人さん、野原一夫夫人、舞台芸術学院の仲間の青木清志さん、かつてママを助けた林節子さん、前田千代子さん、ご親戚の方たちも見えた。一方、三鷹の太宰治ファンのグループも大勢でボックス席の一角を占めた。音楽の演奏もあったが、あまりの喧騒で覚えていない。次々来る来訪者が入れない、ということで、私は長居を避け、早々に外に出て、大きな息をついた。いよいよ、「風紋」も終わるのである。

22
最終回——嵐のあとに

二〇一九年の三月、日本橋の不忍画廊で「林倭衛回顧展」が美術評論家後藤洋明さんの肝いりで行われた。初めて見る絵が随分あった。不忍画廊は、湯島にある羽黒洞の木村東介、現代画廊の洲之内徹にも並ぶ戦後のユニークな画廊のオーナーの次女が夫君と始めたものである。

私は三月七日に絵を見に行ったが、大好きな久板卯之助の肖像画に出会えてうれしかった。天城峠で凍死したアナキストである。一度、聖子さんが保険料を解約して買い戻したという絵だが、現在は大変よいコレクターの手元にある。また、林倭衛の描いたデッサン帳は初めて見る貴重なものだった。

そのほかは色紙に描いた水彩や文人画のような、洒脱で日本的なものが多かった。その時に画廊の若主人から面白いことを聞いた。

「画廊の景気もまだよかった頃の二〇年前、関係者でフランスに勉強に行きましたが、その時に通訳してくださった老婦人が硲伊之助先生の元夫人アデリアさんだったんです。とてもお元気で、明るい陽気な方でした」というのである。ここにアデリアさんを知る人がいたとは。

さて、八〇年代の「風紋」について、元「東京人」編集者で評論家の坪内祐三さんの話を聞いた。話はあっちに飛び、こっちに飛んだ。

「風紋に初めて行ったのは一九八七年頃かな。早稲田の大学院で英文学を専攻し、たまたま『東京人』に入った頃、編集長だった粕谷一希さんに連れて行かれた。僕なんか、ぺえぺえで、連載も持たせてもらえず、凸版印刷に行ったり来たり。『タウン誌ボックス』とかいうコーナーで東京の各地のタウン誌を毎月二誌ずつ紹介してた。粕谷さんはなんといっても小石川高校と東大と『中央公論』イノチの人で、それ以外は眼中にない。早稲田じゃダメ。

『風紋』にはいろんな逸話はあるんだけど行くのが遅すぎた。みんな実際に見た話でなく、伝聞です。ダン街道というのがあったんだ。檀一雄が『風紋』のつまみも作るのはいいけど、男の料理だから後片付けはしない。それは女にやらせる、で困ったわと聖子さんが言ってたな」

――映画関係者には会いました？

「あの人たちは酒乱ばかり。女癖が悪いのもいるし。大映は撮影所が調布、東宝も砧で小田急だし、新宿に出るのは地の利がよかった。村井志摩子さんとは僕は仲よかった。あの人が亡くなる前に話を聞ければよかったね。ただ何か屈託があったんだな。聖子さんに若い頃あれほど世話になったのに、というか世話になったからだと思うけど。なぜか『風紋』に行かずに、『風花』でよく飲んでた。ＡＴＧの葛井欣士郎と一緒にいて、家は『風紋』のすぐ近くだったのにさ」

――葛井さんは大島渚、吉田喜重、黒木和雄はじめたくさんの監督に映画を作らせたプロデューサーですよね。そういえば酒癖の悪い早稲田の先生がいたって。知ってる？

「鷲田哲夫さんかな、僕のフランス語の担任で、最初の授業の後に学生とコンパに行って、中の椅子を路上に持ち出して、店に向かってぶつけてた。ただ学問的には中世のフランス文学研究者で、『ローランの歌』を翻訳したり、業績はある人ですよ。アンドレ・ジイド研究の新庄《しんじょう》嘉章《よしあきら》、ボードレールやランボーを訳した村上菊一郎とか、平岡篤頼《ひらおかとくよし》、早稲田の仏文の先生は客に多かった。専修大学の柘植《つげ》光彦さんて、奥さんはコレットやってる人とか、渋沢孝輔さんもよく来てた、一番の常連だったんじゃないかな」

――渋沢さんは林倭衛と同じ上田の出身で、仏文だけど、大学では教えておられなかった。高田宏さんもそういえば京都大学の仏文で、お二人は仲よかったですね。私、高田さんに『パルムの僧院』を読みなさい、と勧められたことがある。

「警察官僚の佐々淳行もね、あの人のお兄さんが朝日の記者佐々克明で、やたら本を出す人だった。出版記念会が好きで必ずやるの。先月もやったのに今月もみたいな。この人が喧嘩が好きで、ゴールデン街で飲んでは喧嘩してた。もちろん岩崎寛弥さんも行ったでしょう」

——佐々淳行さんは東大で岩崎寛弥さんと同級で、粕谷さんとも仲がよかったでしょう。「風紋」で喧嘩を見たことはありますか。

「うん。ああ見えて、聖子さんは喧嘩が好きなんですよ。喧嘩があるとうれしくてもっとやれ、もっとやれと言う感じ。止めたりはしなかった」

——お父さんが喧嘩好きで、それを小さい頃からそばで見ていますからねえ。

「『風花』も喧嘩発生率が高かった。『風花』のオーナーが生きていれば、よく知っていたと思う。あの人は、出英利らがやっていた小石川高校の『世代』の人で、その縁で、『第二風紋』が空いた時、入ってくれた人。もう亡くなっちゃったけど。いまのママ、菊さんも知ってるんじゃない？

昔、『ナルシス』という岡本潤さんの彼女がやってたバーがあった。そこも最近まであったんじゃないかな。あそこで鮎川信夫が学生の頃に『荒地』なんか出すんだから、大変な場所だったんだ。埴谷雄高さんも『ナルシス』に行ってた。本当にバーって文化的には大事なんですよ。『ビキタン』『リカ』『五十鈴』なんか三軒並んであって、そのまま三軒で一緒に引っ越したんだよ。コマ劇場の地下に。今セーラー服カフェみたいになっているところ」

――もうコマ劇場だってないんですものね。昔は早慶戦が終わるとあの前の噴水に学生は飛び込んでたよね。コマ劇場はＴＯＨＯシネマズ（新宿東宝ビル）になってこの前、若い衆と「ボヘミアン・ラプソディ」を見たわ。

「埴谷雄高は聖子さんと会ったこともないのに、恋愛中という根も葉もない噂を立てられて、好奇心から『風紋』に見に行った。粕谷さんと高田さんは目白の『ミモザ』の頃からの客で、送り狼になるつもりが、じゃあ、ここでと聖子さんに巻かれてしまう。彼女はその時一緒に暮らしていた人がいたはずだ」

――二人とも、俺たちはこれだったと、指をくわえる真似をしてました。だからずっとお客で来ることができたのでしょう。

「檀一雄御一行が七〇年代にいなくなって、八〇年代は作家の中上健次が聖子さんと仲よかったでしょ。中上は若い頃、檀一雄にかわいがられていた。和歌山の新宮出身で、故郷の那智の火祭りとか聖子さんと一緒に見に行ってた。あの人がたくさん取り巻きを連れて『風紋』で飲んでいるときに、編集者の寺田博なんか来るともう、中上は一挙に態度が小さくなって、へいへい言ってた。寺田だの坂本忠雄だの文芸の大編集者がきたら、作家はもう頭が上がらない。そういう意味では敷居が高い」

――そうね。寺田博さんにもお会いしました。あの方は河出の「文藝」から作品社の「作品」、そして福武書店の「海燕」の編集長で島田雅彦、吉本ばなな、小川洋子さんなどを世に出した。そういう人がいたら作家なら気になってお酒もうまくないし、楽しめないだろうな。

中上健次は80年代から足繁く店にあらわれた（所蔵・林聖子）

「松山俊太郎さんとは何度か一緒に飲んだな。片手がない理由はよくわからない。なんでも戦後に不発弾に触っちゃったというんだ。でも、電車で乗り合わせた時、片手で本のページをめくって、同じ手で付箋をペッペとはっているんで驚いた。本当に学のある人で、その割に、生きている間に数えるほどしか本を出さなかったが、亡くなってから分厚い本も出た」

――松山さんて、種村季弘、藤田敏八、吉田喜重、石堂淑朗たちと駒場で同級生なんですね。

「自民党の政治家で自治大臣を務めた世耕政隆さんもよく来

左から庄野潤三、井伏鱒二、林聖子、川島勝。錚々たる文人が集まった「風紋」。1980年撮影（所蔵・林聖子）

てた。彼は医者で詩人でもあるんですが、人柄のいい人でね、近畿大学の総長になって最初に引っ張ったのが内向の世代の後藤明生《ごとうあきお》。彼が学部長になったので、いろんな『風紋』の客を大学に引っ張った。そういう意味ではバーは就職の場所でもあった」

――居酒屋で隣り合って大学の先生になっちゃう人、結構いますよね。世耕さんは檀一雄が筑摩書房で出した「ポリタイア」の同人でスポンサーでもあったんですって。「風紋」五〇周年パーティの時はもう勅使河原宏さんは亡くなられていたのか。二〇一一年にアルカディア市ヶ谷で、あの時に坪内さんはスピーチされてますよね。私は行けなかったけど。

「僕が五〇年祝賀会にスピーチしたのはこういうエピソード。一九七〇年頃、八木岡英治という人の追悼会の帰り、最年少の吉行淳之介さんが新宿でどこか案内せいと言われて、井伏鱒二大先生、大岡昇平大先生を連れて、思い出したのが『風紋』。ドアを開けたら、大男が酔っ払ってる。隣に座った井伏さんの肩をこすって、『井伏さんは、いいな』とくり返し言って、そのうちに井伏さんの肩にもたれて寝ちゃったというの。これがなんと長谷川四郎。後でちゃんと紹介しないのが悪いと、大岡昇平さんに同席していた編集者が怒られたとかいう話」

——井伏さんは太宰治との関係で、早くから『風紋』には来ていらしたと思いますが、まさか長谷川四郎と出くわすとはね。同じ文学でも、井伏さん大岡さんの文壇と、「新日本文学」の長谷川四郎の世界はなかなか交わらないんですね。

「あの時はちょうど三島由紀夫について『ペルソナ』を書いていた猪瀬直樹がスピーチしてた。取材に来ただけで、常連でもないのにスピーチしたので、他の客は怒ってたよね。

僕はその後、山口昌男先生と『火の子』の方に行ってた。あそこは西新宿だったから、そこからわざわざ歌舞伎町やゴールデン街まで行かないんだよ」

——ツボちゃんは、山口さんだけ先生なんだ。そういえば聖子さんが、西部邁さんが亡くなる前の日に見えたって話してらした。聖子さんは太宰治から西部邁さんまで、自殺する人をたくさん見てきたんだねえ。

「西部さんは『火の子』にもよく来てた。そういや『英』のママもちょんまげつけたおばさんで」

——誰かが三次会で『英』に行こうと言ったら、高田宏さんが「それだけは嫌だ」と真っ青になって抵抗していたのを覚えている。高田さんと高橋和巳は京大で友人ですね。高橋和巳が酔って鴨川にメガネを落としちゃって、高田さんも川に入って必死でメガネを探したとうかがいました。

「行きたくないのわかるな。英のママは高橋和巳の彼女でしょ。それで、あの美人の高橋和子がわざわざ見に行ったってんだから。ああ、これか、と。僕が最近、割と行くのは『猫目』だな」

——どういうバーがいいバーなの？

「常連を優遇しないバーだね。神保町の居酒屋の八羽も、僕がふらっと行っても、満員なら断る。常連が来たから予約の客をどかすとか、無理して入れようとはしない。それとあんまり酒の種類をたくさん置いていないとこ。僕は昼間は飲まないし。夜はウィスキーか焼酎」

——なあんだ、昼間から飲むのかと思って今日はお蕎麦屋さんにしたのに。今も毎日のようにバーに行くの？

「二〇年くらい前に新宿でヤクザにボコボコにやられて入院してから体質が変わったのか、それまでは二日酔いもしたけど今はしない。いくら飲んでも大丈夫」

——昔は一緒に焼酎を一本あけたりしたね。体を大事にしてね。風紋の最後の日は行った？

「行ったよ。でも混んでいて入れなかった。あの頃は、文壇バーの『風紋』の灯が消えるとか、朝日新聞が書き立てたでしょ。それで文壇バーってものを一目見たいという一見さんがどっさりきて。それで僕は吉野寿司かなんか行ったら、林静一さんがきて、俺も入れなかったって。でもさあ、『風紋』の後から始めた『火の子』もないし、『モッサン』もないし、ジャイアント馬場とアントニオ猪木が引退したのに、いまだに力道山が現役張ってるみたいなもんだったからな、聖子さんは。あの通勤の手押し車みたいなのがよかったよね」

――ここにも「風紋」が出てるよ、と坪内さんは「酒中日記」という映画のDVDをくれた。根津まで行きますよ、というので昼から蕎麦屋で一杯を予想していたのに、あっさりと帰って行かれた。


一九九〇年代の終わりになってから通い始め、「風紋」の幕を閉じてくれたのは、一人で出版社パブリック・ブレインを経営している山本和之さんだ。五〇年の記念誌を作り、そこに山本さんが聖子さんに聞いた話も載っている。

――山本さんには一度ご挨拶したいと思ってました。二〇年前に一度、聞き書きを始めたのですが、いろいろあって頓挫してました。

「『風紋』で何度かお会いしていますよね。僕は九〇年代後半にきた森さんと入れ違いと言っていいけど。通い始めたのは、二〇〇〇年頃、最盛期を越えてみんないなくなった『風紋』。古い客では高田さんと粕谷さんだけ残っていた。粕谷さんたちと青森のねぶた祭りを見て、太宰の生家に行きました。僕は国文学を学んで太宰に惹かれて『風紋』に二〇代で行ったんです。もともと酒は強くないから、『風紋』が閉まってから他所には飲みに行きません。

五〇周年の本は一〇〇〇部作って、割とすぐなくなったので、また五〇〇部刷り増ししたんですが、その分が残っていますね。でもこういう形で聖子さんのことを書いてくれるのは森さんが最後だと思う。『風紋』に来ていた作家たちのことだって、もう若い人は知らないし。魯迅を訳した思想家の竹内好だって今の人は知らないでしょう。ただ、太宰は今も読まれてるから没後五〇年や生誕一〇〇年の頃に、聖子さんは『メリイクリスマス』のモデルだと、ちょっと脚光が当たったと思います。最後の日も三鷹の太宰ファンがいっぱい来てたでしょ」

──やっぱり、聖子さんにとって太宰治は大きいですよね。

「まだ何か、聖子さんが話してないことがあるんじゃないか、と思います」

──最後の会を計画してくださってありがとうございました。

「なんだかマネージャーみたいになっちゃった。銀座の『ルパン』もそうでしたが、廃業するというと客は来るんだよね。たくさん来てくれたので、会費は飲食の仕入れ代だけ引いてあとは聖子さんに渡しました」

この章の初めにも書いたが、二〇一九年の三月、日本橋の不忍画廊で「林倭衛回顧展」が行

90歳のお誕生日には、舞台芸術学院時代の仲間などが集まった。左から声優の羽佐間道夫さん、聖子、青木清志さん（撮影・森まゆみ）

われた。水彩の小品などが並べられ、私も鯰の絵を一点、求めた。

最終日は三月一六日、聖子さんの九一歳の誕生日でもあった。身内の方、大昔の常連さん、演劇時代の仲間たち、みんなで記念写真を撮った。さらに舞台芸術学院の同窓生青木清志さんの経営する会社がすぐ近くにあり、そこで聖子さんの誕生日パーティが行われた。私も誘われるままについていった。

「聖子ちゃん、何しろ綺麗だったものな」「僕らより少し年上で、もう凛とした大人の女性で、こわくって声も掛けられなかった」「サブリナパンツの上に赤いセーターを着てたでしょ」「あの頃一緒だった山田吾一ちゃんも、早く亡くなったなあ」と青木さんと声優の羽佐間道夫さんが掛け合いで、青春時代の思い出話をする。

お二人も年齢が信じられないくらい若々しくダンディだ。それを目をくりくりさせて聞いている聖子さんは、最後、ケーキに立てられたろうそくを見事にふう、と吹き消した。拍手が起こり、私はこれで本当に「風紋」の灯が消えたのだ、となぜか納得する気になった。

あとがき

自ら語るような人ではない。誰かがこの人の話を書き留めておく必要があった。

生涯アナキストの気分を持ち続け、大杉栄や辻潤、宮嶋資夫らをよく知っていた画家の林倭衛。その父に可愛がられた娘。肺結核で早く亡くなった母、面倒を見てくれた祖父母。しかし両親を戦中・戦後に失い、聖子は一〇代から一人で立っていかなければならなかった。

聖子は、太宰治、古田晁という二人の応援を得て、新潮社、筑摩書房という出版社に勤めた。その後、演劇という打ち込める世界に乗りだす。しかし、やはり生活が夢に先行した。恋人を食べさせるため銀座のバーに勤めたのを皮切りに、六一年からは新宿の外れのバーの経営者になる。そこにはたくさんの人々が集まった。

「文壇バー」という言葉は今でも馴染めない。それは男性目線から見た、編集者が付き添い、作家をもてなすための業界のていのいい受け皿のように聞こえる。しかし、「風紋」には女性の一人客も多かったし、美術界や映画界の人も現れた。時に勉強会の会場になり、時に駆け出しの若者にタダで飲ませ、時に喧嘩の場となり、出会いや就職の場となり、そういうあらゆることを聖子は父ゆずりの融通無碍なアナキズム精神でさっぱりと受け入れてきた。

かつてウィーンやプラハを旅して、そこのカフェがいかに、政治運動、文化運動の拠点になったかに、驚いた。反ナチスの活動、あるいは戦後も東欧の自由化を求める様々な活動がそうしたカフェを拠点に人々を結んだ。カフェもお酒は出した。

「風紋」は酒場であったが、文化活動、思想運動の結節点でもあった。聖子さんはその中にいる輝く磁石のようなものだった。たくさんの文人が、アーティストが上り下りしたあの急な黒い階段。またそれに憧れる卵たちも上り下りした。もっと聞かなければならない証言者はおられると思うが、きりがないので、風紋のお客すべてをここに記すのは諦めた。

いろんな人が語っている。「風紋」は「夜の数時間の居間のようなもの」「一種のメンタルクリニック」「今いない人たちの声が聞こえる場所」であったと。

今はないからこそ、ここに紙の碑を建てる必要があるのだろう。もはや林倭衛に関する証言は得られない。太宰治に関する証言も得られない。聖子さんは宮嶋資夫も辻潤も、出隆も、勅使河原宏も、安部公房も、竹内好も、井伏鱒二も、檀一雄も見た人である。残念だったのはある方に聖子さんが貸した林倭衛関係の資料が戻らなかったことである。「その人も亡くなっちゃったし、おうちも火事に遭われたと言うしねえ」と聖子さんはあっけらかんとしたものである。

連載が終わってのち、世界的なパンデミックが起こって暮らしが落ち着かず、また、追加取材もしにくかった。

やっと亜紀書房で出していただけると決まり、何度も聖子さんに電話してみたが、繋がらなくて心配した。出基人さんが「電話の前で待ってろと言ったから今なら捕まるよ」とさすが身内のような言い方をしてくださって、私は慌てて携帯に電話した。

「あら、森さん、お変わりなくて?」と懐かしいハスキーな声がした。私は安堵でどっと冷や汗が出た。やっと版元が決まって。本にしていいでしょうか。「どうぞどうぞ、森さんの本ですから」。あの、ゲラで校正はなさいますか?「もう目も見えないしねえ。あなたにお任せするわ」。じゃ、本になるまで元気でいてくださいね。「はい、どうにか保ちそうよ」。ワクチンなさいましたか。「なんだかしたような気がするんだけど」。とにかくおだいじに。「森さんこそ、おだいじに」。いつもの、のんきな、あたたかい聖子さんだった。


いろんなアナロジーがあるのだ。「文学なんてつまんない」という広津和郎と「絵なんかつまんない」という酒飲みで暴れん坊の林倭衛はさながらエミール・ゾラとセザンヌのようだ。広津は松川事件に関わり、ゾラはドレフュス事件に関わった。同じ無頼派で、酒が好きで、愛人を持ち、それぞれ弱い息子を持って妻に苦労させた太宰治と檀一雄も比べずにはおれない。伊藤野枝に捨てられた辻まことは、また自分の子を養子に出した。バー「風紋」と勅使河原宏の

「砂の女」の相似についても考えさせられた。

そしてこの仕事をしていると、よく自分の父と母のことを思い出した。父はまさに出英利、佐野英二郎たちとほぼ同じ一九二七年芝生まれ、死地に赴く不安と戦いながら、勤労動員に駆り出されていた。徴兵検査の直前に敗戦となり、死に後れた贖罪感を生涯強く持ち続けた。母は聖子さんより一つ下、女学校の二年からは勤労動員で落下傘を縫っており、一九四五年三月一〇日の下町の大空襲で焼け出され、上野から父方の鶴岡に疎開して二回、米作りを経験し、芝居に熱中した。聖子さんと同じ時代を生きたのだなあ、という感慨が強く、父と母の人生をたどり直す旅ともなった。

この記録は、高田宏さんと粕谷一希さんの強い提案によって始まった。間には曲折があり、断念があり、結局、取り掛かってから四半世紀がかかってしまった。戦後の出版界をリードしたお二人ももうおられない。お詫びと感謝を捧げたい。そして、「東京人」の連載で仕事を再開し、稲葉宏爾・由紀子夫妻、中村稔さん、海部公子・硲紘一さん、坪内祐三さん、山本和之さん、太田篤哉さん、坂井ていさん、後藤洋明さん、たくさんの方々の協力で、どうにかここまでこぎつけた。できるだけ私の文より、聖子さんの語りを生かしたいと思った。資料も少なく、まちがいもあるかと思う。すべて文責は私にある。

もちろん、時間を割いて根気よく私にお話をしてくれた林聖子さん、その傍らにいてくださった一人息子の卓さんには感謝の言葉もない（麻雀の卓よ、と聖子さんは笑っていたが、タカシという息子の名前は、恋人の父である哲学者出隆への感謝からつけられたのではないか、と思う）。

最後まで「風紋」の常連であった都市出版社長の高橋栄一さん、毎号、取材から編集まで伴走してくださった「東京人」編集者の田中紀子さん、そして長い友人、亜紀書房の足立恵美さんと装丁の矢萩多聞さんに本の形にしていただくことができた。

「聖子」というシンプルな題名には、かつて父林倭衛が仰ぎ見た南仏プロヴァンスの気高く凛とした白い山サント・ヴィクトワールの姿を重ねたつもりである。

今はただ、いろんな人への感謝の気持ちでいっぱいである。

森まゆみ

林倭衛・聖子のまわりの人々

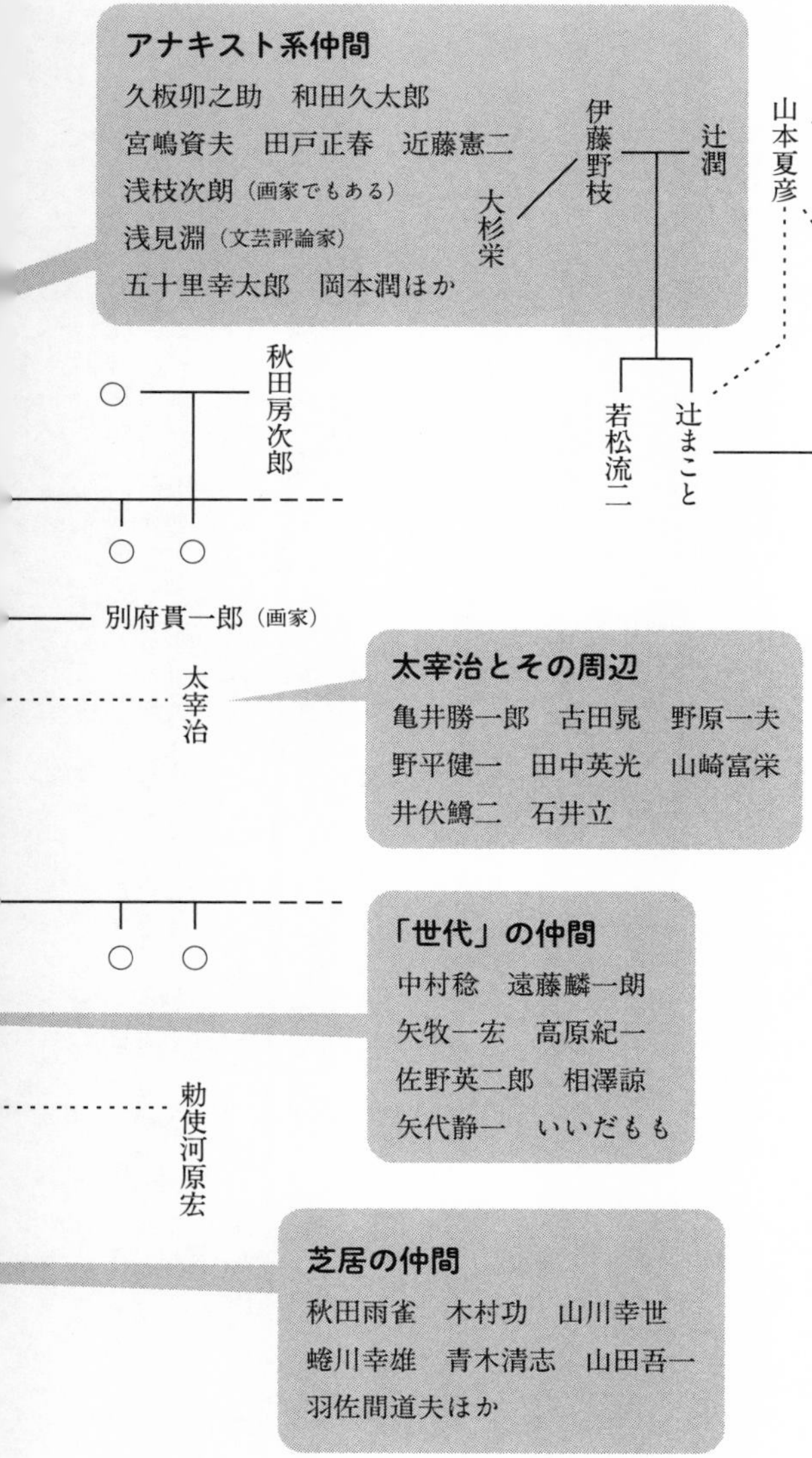
アナキスト系仲間
久板卯之助　和田久太郎
宮嶋資夫　田戸正春　近藤憲二
浅枝次朗（画家でもある）
浅見淵（文芸評論家）
五十里幸太郎　岡本潤ほか
伊藤野枝
大杉栄
辻潤
山本夏彦
武林無想庵
中平文子
若松流二
辻まこと
イヴォンヌ
秋田房次郎
別府貫一郎（画家）
太宰治
太宰治とその周辺
亀井勝一郎　古田晁　野原一夫
野平健一　田中英光　山崎富栄
井伏鱒二　石井立
「世代」の仲間
中村稔　遠藤麟一朗
矢牧一宏　高原紀一
佐野英二郎　相澤諒
矢代静一　いいだもも
勅使河原宏
芝居の仲間
秋田雨雀　木村功　山川幸世
蜷川幸雄　青木清志　山田吾一
羽佐間道夫ほか

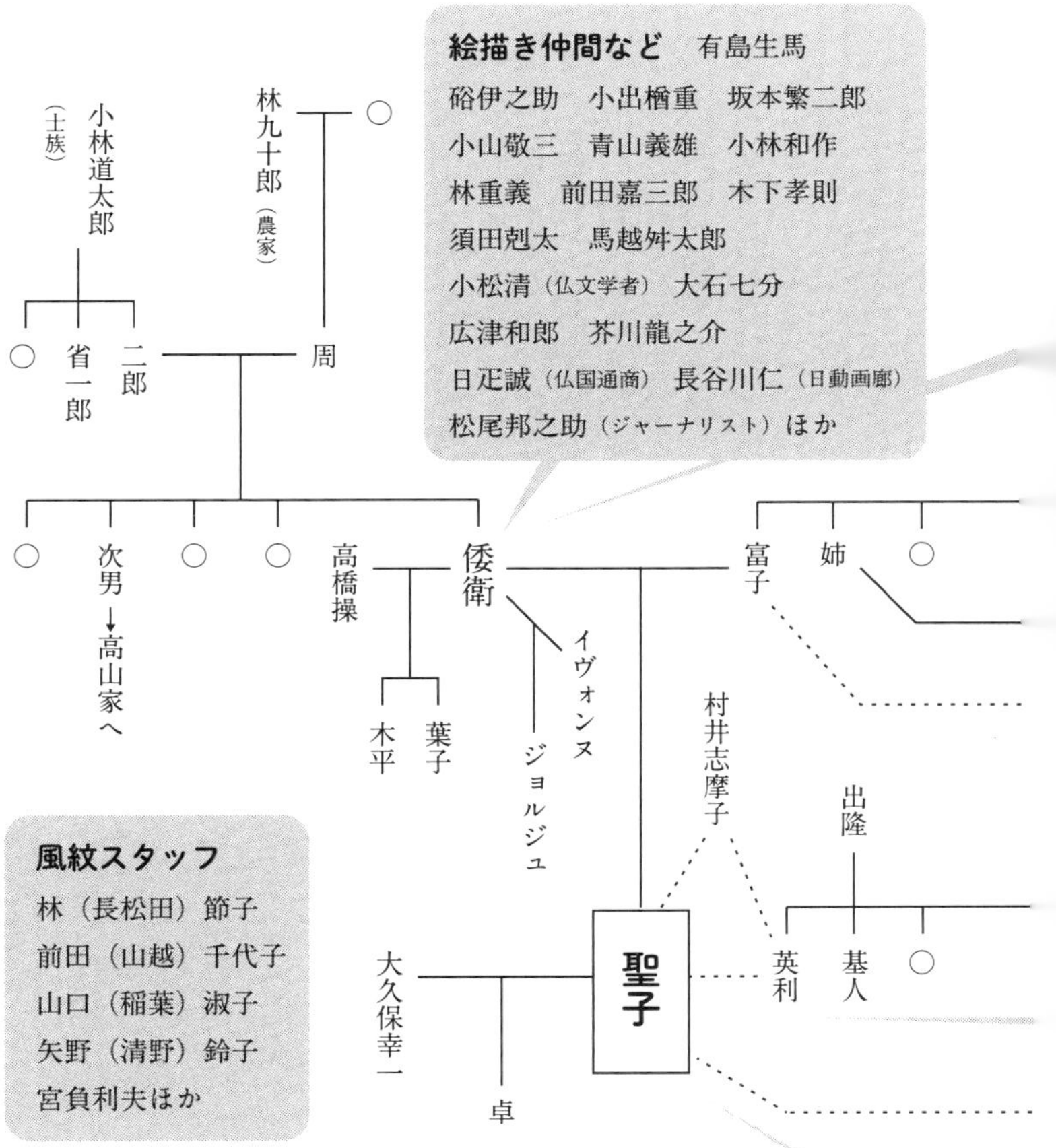

風紋の客　檀一雄　吉村昭　木山捷平　竹内好
色川武大　埴谷雄高　安田武（評論家）　北原武夫　山岸外史（評論家）
松山俊太郎　種村季弘　高田宏　粕谷一希　田村隆一　中上健次
世耕政隆（政治家）　神彰（プロモーター）　康芳夫（プロモーター）
洲之内徹（美術評論家）　浦山桐郎（映画監督）　大島渚（映画監督）
吉田喜重（映画監督）　渋沢孝輔　松本哉ほか

林聖子関連年表

西暦（年）	元号（年）	主なできごと
1895	明治28	6月1日林倭衛、長野県の上田町2252に生まれる。上田町立尋常高等小学校で学ぶ。祖父九十郎は蒸発、父林二郎は養子、母周《しゅう》。
1907	明治40	両親が上京。父の弟小林三郎方に預けられる。
1908	明治41	1月21日上京、赤坂区青山南町3－60の父の長兄小林省一郎方に寄寓。
1910	明治43	両親、横須賀で軍の御用商人の商売に失敗、牛込榎町から、さらに筑土八幡町へ。この頃、倭衛、書店や印刷会社に勤め、植字工になる。
1911	明治44	16歳、日本水彩画研究所夜間部に学ぶ。硲《はざま》伊之助を知る。
1913	大正2	サンジカリズム研究会で10歳年上の大杉栄を知る。道路人夫などしながら絵を描く。
1914	大正3	「平民新聞」の配布を手伝う。
1916	大正5	二科展に浅枝次朗を描いた「ポートレイト・オブ・ア・サンジカリスト」、「多摩川附近」初入選。12月、「布良の海」を制作。
1917	大正6	猪谷六合雄と小笠原に写生旅行。「小笠原風景」などで樗牛賞。後援会できる。有島生馬を知る。
1918	大正7	久板卯之助をモデルに「H氏肖像」、「海に沿うてゆく道」などで二科賞を受ける。
1919	大正8	「出獄の日のO氏」二科展に出すも撤回命令。
1920	大正9	兜屋画廊（堂）で個展。広津和郎、久米正雄、芥川龍之介、室生犀星、出隆《いで》などを知る。

黒耀会にも出品。二科会会友となる。

1921　大正10　7月31日クライスト号で渡仏、坂本繁二郎、小出楢重、硲伊之助らと同船。秋からベルリン滞在、小出楢重と。その後パリへ戻りエルネスト・クレッソン街のアパートに住む。

1922　大正11　パリ滞在。木下孝則と交友。マルセイユの西にある小さな漁村エスタックに住む。

1923　大正12　2月大杉パリに現れる。5月大杉、強制送還。6月イヴォンヌと同棲。9月関東大震災後の混乱の中大杉ら、殺される。12月「仏蘭西監獄及法廷の大杉栄」を書く。

1924　大正13　ほとんどパリに住む。体調悪し。

1925　大正14　ブザンソンに出かけ、坂本繁二郎と同宿。12月エクス・アン・プロヴァンスへ行き、セザンヌのアトリエを借りる。

1926　大正15　パリへ戻り、5月帰国、春陽会会員となる。奈良の足立源一郎宅で保養。

1927　昭和元　3月、紀伊國屋画廊で四人展。4月、春陽会で滞欧作品28点を展示。岡山津山の画学生秋田富子18歳と同棲、結婚。病弱なり。辻潤、倉田白羊と知り合う。

1928　昭和3　1月小林和作とシベリア鉄道で再渡仏。3月16日長女聖子、笹塚の病院で生まれる。

1929　昭和4　イヴォンヌと再び同棲。4月帰国。春陽展に滞欧作品を出品。イヴォンヌとの間に男子ジョルジュが生まれる。小石川武嶋町に住む。この家で富子、肺結核になる。

1931　昭和6　伊豆静浦に移転。静浦では隣に田戸正春がいた。

1932　昭和7　「静浦小景」「或る詩人の肖像」（辻潤）などを春陽会に出展。朝鮮旅行。小石川水道町に住む。

1934　昭和9　倭衛は広島県尾道市の小林和作方に滞在。「尾道風景」などを描く。聖子、小日向台町小学校に上がる。

1935　昭和10　帝展松田改組後、無鑑査となる。朝鮮旅行に行こうとして博多で留まり、芸者だった高橋操と恋愛。10月、市川市の菅野に住む。聖子、2年の2学期から市川の小学校に転校。

1936　昭和11　2・26事件前夜に「出獄の日のO氏」が返ってくる。この時はまだ富子は市川にいた。富子、富士見のサナトリウムに自ら入る。それにより、聖子は祖父母のいる新宿三光町に。四谷第五小学校に転校。

1937　昭和12　倭衛、杉並区和田本町945に転居、高橋操と暮らす。聖子もここに同居し、和田小学校に転校。富子、戻るもまた別居。

1938　昭和13　この頃また一時、祖父母のもとに帰る。四谷第五小学校へ。倭衛、房総半島鵜原に移住。聖子、一時、鵜原小学校に通う。「イワシばかり食べていた」

1939　昭和14　2月、次女葉子生まれる。初夏、御宿の玉木別荘に移住。日動画廊で個展。聖子は王子小学校に転校。祖父母と母と暮らす。

1940　昭和15　皇紀二千六百年奉祝美術展に風景画「初夏の夕」出品。聖子はサナトリウムを出て高円寺にいた母富子と暮らし、杉並第一小学校に一学期だけ通って卒業。この頃か、辻潤がよく富子のアパートに飲みにくる。母は体調のいい時には生活のため、新宿のカフェ「タイガー」で働いた。そこで室生犀星、萩原朔太郎、太宰治、亀井勝一郎などと会う。

1941　昭和16　倭衛、浦和市別所稲荷台に引っ越す。祖父母の建てた家で同居。聖子も移転、一年遅れて浦和の私立女学校に入る。母も時々くる。祖母周死去。この頃、母は高円寺のアパートにいて、そこに太宰治が時折訪ねた。

1942　昭和17　倭衛、北京に写生旅行。新文展審査員となる。

1943　昭和18　長男木平生まれる。

1945　昭和20　1月10日に祖父二郎死去。1月26日父倭衛急死。49歳。聖子、高円寺で空襲にあった母とともに母の故郷津山に疎開。大水にあう。母とともに三鷹市下連雀に住む。

1946　昭和21　三舟商会に勤める。11月、太宰に三鷹駅前の本屋でばったり会う。この年7月「世代」（目黒書店）創刊、3万部を刷る。17号まで。12月14日、太宰と三島が練馬桜台で出会う。

1947　昭和22　太宰治、聖子をモデルにした「メリイクリスマス」が『中央公論』に載る。それから三鷹駅前のうなぎの屋台、若松屋で聖子、太宰によくご馳走になる。初夏、太宰の紹介で、新潮社に入社、月給5500円。

1948　昭和23　6月13日から姿の見えなくなった太宰治、山崎富栄と入水心中。聖子、太宰の入水場所を見つける。野原一夫の知り合いの出英利と出会う。太宰の死の頃に野原も聖子も退社。太宰の親友、古田晁の紹介で本郷台町の筑摩書房に入社、社長秘書となる。月給5000円。この頃ダンスを習い、アテネフランセへ通う。毛糸を編む。

1949　昭和24　12月13日母富子、結核性脳膜炎で亡くなる。39歳。古田1万円を見舞いにくれる。6月19日第一回桜桃忌、太宰の友人、檀一雄と出会う。11月3日、田中英光、太宰の墓の前で自殺。

1950　昭和25　4月、あまり仕事もないので、やめなければと思い、筑摩書房を退社。まもなく、出英利と三鷹の家で同棲。生活のため銀座のバーに勤める。五丁目のスタンドバー「コットン」。電通や維新號が近い八丁目「カルドー」へ出向。古田晁、応援に駆けつける。次が五丁目の「やま」。出英利、村井志摩子と三人で三鷹で共同生活。

1952　昭和27　1月8日未明、出英利、列車にはねられて死去。聖子「やま」をやめる。3月まで出家で暮らし、一時荻窪へ。聖子、舞台芸術学院（池袋）に入る。この頃「やま」に来た画家の勅使河原宏と東中野で暮らす（〜1955）。

1955　昭和30　青山の劇団「青俳」に在籍、安部公房の「快速船」などに出演。銀座「カープ」に勤めるも2週間でやめる。ギリシア劇「アンティゴネ」で杉葉子と共演。

1957　昭和32　東映映画「純愛物語」などに出演。10月ブリジストン美術館にて「林倭衛遺作展」が開かれる。

1958　昭和33　勅使河原宏との別れをきっかけに、目白のスタンドバー「ミモザ」に勤める。

1959　昭和34　4月10日、皇太子ご成婚記念の夜、高田宏は「ミモザ」にいた。その頃、聖子は一時、尾久に住む。檀一雄が入江杏子を連れて「ミモザ」に来る。依然として東中野に住む。この頃、古本屋を試みたが、開店してまもなく頓挫。光文社の人々、種村季弘、高田宏、雑司ヶ谷在住の粕谷一希などが「ミモザ」に来る。

1961　昭和36　33歳の時、12月15日、新宿区三光町、医大通りに車庫を改造した4坪のバー「風紋」を開く。「風紋」の字は勅使河原宏が書いた。筑摩の古田社長、店を応援。檀一雄も常連となる。浅見淵、木山捷平、山岸外史、浦山桐郎、石堂淑朗、野坂昭如などが来る。

1963　昭和38　聖子、大久保幸一と結婚。73年離婚。

1964　昭和39　東京オリンピック、テレビを買う。

1965　昭和40　長松谷（林）節子、山越（前田）千代子、「風紋」に入る。

1966　昭和41　隣の医院が空き、前より広い13坪の第2「風紋」できる。太宰治賞受賞者、候補者の吉村昭、加賀乙彦、秦恒平、宮本輝、宮尾登美子などがここのボックスに座った。

1967　昭和42　9月長野県信濃美術館（現長野県立美術館）で林倭衛遺作展、その後山本鼎記念館へ巡回。

1968　昭和43　学園闘争の年。檀一雄を編集長に文芸雑誌「ポリタイア」筑摩より創刊。新宿騒乱。8月1日、卓生まれる。

1969　昭和44　7月　17坪の第3「風紋」を開く。10年間二つの風紋を掛け持ちで経営。この間、父・林倭衛の個展や図録に協力。

1973　昭和48　2月24日、竹内好、階段で転倒。10月30日、恩人古田晁、心筋梗塞で急逝。

1976　昭和51　1月2日檀一雄、肺がんで逝去。

1979　昭和54　11月23日二代目風紋を引き払う。

1980　昭和55　野原一夫『回想の太宰治』新潮社より出版。風紋で380冊売れる。

1981　昭和56　風紋20周年記念パーティ。高田宏司会。草月会館。

1986　昭和61　『風紋25年』出す。風紋25年記念パーティ。高原紀一司会。草月会館。
1988　昭和63　ニースへ行く青山義雄に同行して、1ヶ月店を休み、はじめてヨーロッパ旅行。パリ、エクス・アン・プロヴァンスへ。帰りにヴェネツィアの伯父別府貫一郎を訪ねる。
1989　昭和64　八十二銀行文化財団の主催で、長野ギャラリー82にて6月3日より2週間「林倭衛展」開催。
1991　平成3　『風紋30年ALBUM』を出す。30年記念パーティ、草月会館。
2001　平成13　風紋40年、記念パーティ、日比谷松本楼。この年、勅使河原宏没。
2011　平成23　風紋開店50年祝賀会、市ヶ谷・私学会館。
2012　平成24　『風紋五十年』パブリック・ブレインから刊行。
2015　平成27　東郷市梅野記念絵画館にて「林倭衛展」開催。
2016　平成28　聖子、マンションの建て替えのため別のマンションに移る。
2018　平成30　「風紋」閉店。6月24日、25日と最終パーティ。
2019　平成31　3月林倭衛回顧展、日本橋の不忍画廊で開かれる。3月16日、聖子の91歳の誕生日パーティが青木清志さんの心づくしで開かれる。

参考文献

林聖子「いとぐるま」(「風紋の二十五年」の本をつくる会編『風紋25年』、一九八六年)
「風紋の二十五年」の本をつくる会編『風紋25年』一九八六年
「風紋三十年」のアルバムをつくる会編『風紋30年ALBUM』一九九一年
林聖子『風紋五十年』パブリック・ブレイン、二〇一二年
後藤洋明監修『林倭衛画集』東御市梅野記念絵画館、二〇一五年
小崎軍司『林倭衛』三彩社、一九七一年
林聖子×堀江敏幸「太宰さんは、ひょうきんな人でした」(「東京人」二〇一八年七月号)
林俊・クロード・ピショワ『小松清——ヒューマニストの肖像』白亜書房、一九九九年
芳賀徹編『小出楢重随筆集』岩波文庫、一九八七年
大杉栄『自叙伝・日本脱出記』岩波文庫、一九七一年
森まゆみ編『伊藤野枝集』岩波文庫、二〇一九年
竹久野生『アンデスの風と石が運んだもの』三修社、一九九六年
松尾邦之助『巴里物語』論争社、一九六〇年
津島美知子『回想の太宰治』講談社文芸文庫、二〇〇八年
山岸外史『太宰治おぼえがき』審美社、一九六三年
野原一夫『回想　太宰治』新潮社、一九八〇年
野原一夫『含羞の人——回想の古田晁』文藝春秋、一九八二年

筑摩書房編『回想の古田晁』筑摩書房、一九七四年
晒名昇編『古田晁記念会資料集』塩尻市立古田晁記念館、二〇〇三年
野平健一『矢来町半世紀』新潮社、一九九二年
尾津豊子『光は新宿より』K&Kプレス、一九九八年
入江杏子『檀一雄の光と影』文藝春秋、一九九九年
野原一夫『人間　檀一雄』新潮社、一九八六年
辻まこと、矢内原伊作編『辻まことの世界』みすず書房、一九七七年
「世代」第一五号、書肆ユリイカ、一九五二年
中村稔『私の昭和史』青土社、二〇〇四年
中村稔『私の昭和史　戦後篇上・下』青土社、二〇〇八年
矢代静一『含羞の人　私の太宰治』河出文庫、一九九八年
粕谷一希『二十歳にして心朽ちたり』洋泉社新書、二〇〇七年
網代毅『旧制一高と雑誌「世代」の青春』福武書店、一九九〇年
佐野英二郎『バスラーの白い空から』青土社、二〇〇四年
鳥羽耕史『世紀の会と安部公房を語る――桂川寛氏インタビュー』言語文化研究、二〇〇四年
太田篤哉『新宿池林房物語』本の雑誌社、一九九八年
洲之内徹『気まぐれ美術館』新潮文庫、一九九六年
洲之内徹『絵のなかの散歩』新潮文庫、一九九八年
「回想の現代画廊」刊行会編『洲之内徹の風景』春秋社、一九九六年

＊本書は『東京人』（都市出版）に二〇一八年四月〜二〇一九年七月に連載された『風紋』の人びと——林聖子に聞く」に加筆訂正し一冊にまとめたものです。

＊写真について
本書に掲載されている写真と図の、所蔵・林聖子となっているもののうち、三一、六九ページは『林倭衛画集』（東御市梅野記念絵画館）、五七、六七、一〇一、一七七、一九一、一九六、二一一、二二五、二三一、二三八、二四三、二五五、二五七、二六三、二六七、二七一、二七九、二八〇、二八五ページは『風紋30年ALBUM』（「風紋三十年」のアルバムをつくる会）から引用させていただきました。

森まゆみ（もり・まゆみ）
1954年生まれ。中学生の時に大杉栄や伊藤野枝、林芙美子を知り、アナキズムに関心を持つ。大学卒業後、PR会社、出版社を経て、84年、地域雑誌『谷中・根津・千駄木』を創刊。聞き書きから、記録を記憶に替えてきた。その中から『谷中スケッチブック』『不思議の町 根津』（ちくま文庫）が生まれ、その後『鷗外の坂』（中公文庫、芸術選奨文部大臣新人賞）、『彰義隊遺聞』（集英社文庫）、『「青鞜」の冒険』（集英社文庫、紫式部文学賞受賞）、『暗い時代の人々』『谷根千のイロハ』（亜紀書房）、『子規の音』（新潮文庫）などを送り出している。近著に『海恋紀行』（産業編集センター）、『路上のポルトレ』（羽鳥書店）、『しごと放浪記』（集英社インターナショナル）がある。

聖子《せいこ》
——新宿《しんじゅく》の文壇《ぶんだん》BAR「風紋《ふうもん》」の女主人《おんなあるじ》

2021年11月1日　第1版第1刷発行

著者　森まゆみ

発行者　株式会社亜紀書房
〒101-0051
東京都千代田区神田神保町1-32
電話 (03)5280-0261
振替 00100-9-144037
https://www.akishobo.com

装丁・レイアウト　矢萩多聞
DTP　山口良二
印刷・製本　株式会社トライ
https://www.try-sky.com

Printed in Japan　ISBN978-978-4-7505-1709-4　C0095

森まゆみの本

谷根千のイロハ
なつかしい街並みが残る谷根千を歩き、ゆかりある人々も取り上げながら、古代から現代まで通して語る、小さな町の愉快な歴史読本。弥生式土器が発掘された弥生町、江戸将軍家の菩提寺・寛永寺と上野、鷗外や漱石が暮らした千駄木、遊郭があった根津と権現様……。

暗い時代の人々
大正末から戦争に向かうあの「暗い時代」を、翔けるように生きた9つの生の軌跡を、評伝の名手が描き出す！　1930年から45年、満州事変勃発から太平洋戦争終結にいたるまで、最も精神の抑圧された「暗い時代」に、「精神の自由」を掲げて戦った人々の記録。

帝都の事件を歩く　——藤村操から2・26まで
第一次世界大戦後の好景気、その後の不況、震災は、社会に格差を生み出し、青年たちは鬱屈をさらに深めて、血盟団事件、5・15、2・26などのテロを企てていく。それらの現場を訪ね、本郷、東京駅、日本橋、両国、田端、赤坂……東京で繰り広げられた近代史を歩く！（中島岳志との共著）

反骨の公務員、町をみがく
——内子町・岡田文淑の町並み、村並み保存

岡田さんは愛媛県内子町の役場職員として、内子の町並みを観光資源としてとらえ、国の伝統的建築物群保存地区に選定させた。町並み保存はどのようになされたか。そして継続のために何が必要なのか。日本の町並み保存、まちづくりの50年を追う。

未来の漢方　——ユニバースとコスモスの医学
免疫疾患のひとつである原田病にかかった著者が、津田医師に教えを乞うた。漢方では人の体をどのように診るのか。マスを治すのに長ける西洋医学に対して、漢方は体と心の不具合にとことん向き合う。総合医療としての漢方のこれからについて考える。（津田篤太郎との共著）